Barbara de Mars

Lesereise Florenz

Barbara de Mars

Lesereise Florenz

Rendezvous mit einer eigenwilligen Schönen

Picus Verlag Wien

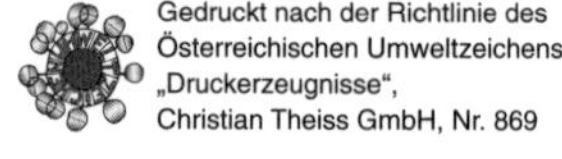

Grafische Gestaltung: Dorothea Löcker, Wien
Umschlagabbildung:
© mauritius images/imageBROKER/Otto Stadler
Druck und Verarbeitung:
Christian Theiss GmbH., St. Stefan im Lavanttal
ISBN 978-3-7117-1077-2

Informationen über das aktuelle Programm
des Picus Verlags und Veranstaltungen unter
www.picus.at

Inhalt

Leder macht Schule

Von Waisenkindern, der großen Überschwemmung und wahrer Exklusivität

Es ist fünf nach zehn Uhr morgens, als ich die hohe Glastür öffne und das geschwungene Backsteingewölbe der Scuola del Cuoio betrete. In dem großzügigen Arbeitsraum sind lange, einfache Holztische zu Blöcken zusammengeschoben. An ihnen stehen die Arbeiter in weißen Kitteln und fertigen Taschen und Geldbörsen, alles in Handarbeit. Einer, jung, die engen Hosen enden modisch eine Spur über dem Knöchel, sieht aus, als wäre er gerade der *Vogue* entstiegen. Ein anderer kommt aus Japan und hat die glatten schwarzen Haare hinten zu einem Knoten gebunden wie ein Samurai. Neonlampen über den Tischen leuchten die Arbeitsplätze hell aus. Hier geht es schließlich um Präzisionsarbeit. Der Japaner lächelt mich freundlich an, sagt *»ciao«* und macht mit dem Kopf eine schnelle Bewegung nach hinten in den Raum. Mein Blick folgt seiner Geste.

Da steht Carlo, eine waldgrüne Schürze über dem farblich abgestimmten, bis zu den Ellbogen hochgekrempelten karierten Hemd. Grauweiße, schüttere Haare umrahmen ein schmales Gesicht mit einer tiefen waagrechten Stirnfalte. Buschige Augenbrauen verleihen ihm Autorität, als er murmelt: »*Ti stavo aspettando.*« Er hat mich schon erwartet und klingt ein bisschen vorwurfsvoll, als hätte ich zu lange beim *cappuccino* in der Bar getrödelt. Es ist ein Märchen, dass Italiener unpünktlich sind, zumindest in der Toskana. Irgendwo zwischen Florenz und Rom soll ja die imaginäre Trennlinie zwischen Norditalien und dem Mezzogiorno verlaufen. Mit der Hitze des Südens wird die individuelle Wahrnehmung der Zeit immer elastischer. In Florenz dagegen bemüht man sich um Pünktlichkeit – meistens zumindest. Bei den Zügen wird es in den letzten Jahren immer besser, besonders seit die staatliche Trenitalia Konkurrenz von der privaten Bahngesellschaft Italo bekommen hat. Nur bei Theatern und Konzerten nimmt man es mit den Anfangszeiten nicht so genau, und wehe dem, der zu einer Abendeinladung im Haus von Freunden zum vereinbarten Zeitpunkt erscheint. Dann riskiert man, in das schockierte, ungeschminkte Gesicht der noch gänzlich unvorbereiteten Hausherrin zu blicken. Als einzige Entschuldigung kann man nur stammeln: »*Sono tedesca.*« Dass man Deutsche ist, erklärt den Fauxpas. Eine halbe Stunde später, als die Einladung besagt, ist das Minimum.

Was man selbst im Schweiße seines Angesichts gefertigt hat, steigt exponenziell im Wert, zumindest in den eigenen Augen. Deshalb bin ich heute hier, um mit eigenen Händen die Lederhülle eines Reisetagebuchs zu fertigen. Das Tagebuchheft aus gelblichem Naturpapier gibt's nach der Mühe gratis dazu. Es hört sich leicht an. Ich frage mich insgeheim, was an der Arbeit bitte drei Stunden dauern soll. Carlo reicht mir ebenfalls eine grüne Schürze – es soll ja zur Sache gehen – und setzt sich die Nahsichtbrille auf. Tiefe Ringe unter seinen Augen zeigen an, dass das Leben für ihn nicht immer eine *passeggiata,* ein Spaziergang, war. Die »Maria Magdalena« von Donatello im Museo dell'Opera del Duomo hat auch diesen Blick.

Carlo ist eigentlich schon seit vielen Jahren in Rente und kommt doch fast täglich in die Firma, um unbedarften Interessierten zur ersten Eigenkreation zu verhelfen. Er spricht langsam, wie zu einem Kind, damit ich auch alles verstehe. Ich bedeute ihm, dass er in normaler Geschwindigkeit reden kann, mein Akzent würde mich nicht am Begreifen hindern. Daraufhin sieht er mich etwas ungläubig an. Fremde Sprachen zu lernen ist für den *maestro* wie für viele Italiener eine unvorstellbare Strapaze. Seit etlichen Jahren lernen nun italienische Kinder bereits ab dem Kindergarten Englisch, um dieses Manko auszugleichen.

Das Unternehmen Scuola di Cuoio stellt seit 1950 exklusive, handgefertigte Lederwaren her und heißt wörtlich »Lederschule«. Das klingt nicht gerade nach einem tollen Marketingeinfall für Produkte, die sich auf dem Weltmarkt behaupten sollen. Dass sich hier im Laufe vieler Jahrzehnte die unterschiedlichsten Persönlichkeiten von Ted Kennedy bis Ozzy Osbourne die Klinke in die Hand gaben, hat jedoch seinen guten Grund. Nach dem Zweiten Weltkrieg hatten die Florentiner Lederfabrikanten Marcello Gori und Silvano Casini den Patres der Franziskanerkirche Santa Croce vorgeschlagen, doch gemeinsam Kriegswaisen im Lederhandwerk auszubilden und ihnen so ein Auskommen zu garantieren. Im Novizentrakt von Santa Croce wurde unter einem Fresko aus der Schule Ghirlandaios der Schlafraum eingerichtet. Carlo war einer der jungen Leute, die 1950 in die Lederschule eintraten.

Zuerst zieht er unter dem Tisch eine Unmenge Lederrollen hervor und erklärt die Charakteristiken: unkompliziertes Rindsleder, feines Ziegenleder, weiches Nappaleder, genopptes Straußenleder. »Such dir eines aus«, sagt Carlo. Seit der Renaissance wird im Viertel um Santa Croce Leder gegerbt und gefärbt. Straßennamen wie Corso dei Tintori, Via delle Conce oder Via dei Conciatori künden noch heute davon. »Ich erinnere mich genau, wie es in meiner Jugend in diesen Straßen stank«, so Carlo. Lederbearbeitung ist geruchsintensiv. Heute ist der kleine Ort Santa Croce sull'Arno bei Florenz das Mekka für qualitativ hochwertige Lederverarbeitung.

Ich streiche mit der Hand über Dutzende Proben, seidig glatt oder rau wie Landschaften, in unendlich vielen Farben, Schwarz, Rot, Beige. Schließlich deute ich auf ein festes Leder in metallischem Rosa für den Einband und auf eine bordeauxrote Rolle für die Verzierung. Die Farbkombination stürzt Carlo ein bisschen in Verwirrung. Ob ich nicht doch lieber eine klassische Kombination will, beige und schwarz? Florentiner haben einen konservativen, eleganten Modegeschmack, zwar verspielt, aber er darf nicht zu sehr ins Auge stechen. In der Renaissance wachte eine Modepolizei darüber, dass die Florentiner Damen nicht zu luxuriöse oder unpassend extravagante Accessoires und Stoffe trugen. Ich bleibe bei meiner Farbwahl und Carlo zieht skeptisch eine Augenbraue nach oben. Ausländerin eben, kein Wunder, dass der italienische Geschmack unerreicht bleibt, wird er sich denken. Der Japaner am Nebentisch wirft mir einen amüsierten, aufmunternden Blick zu.

Immer wieder tauschen die Arbeiter untereinander *battute* aus, ziehen sich mit witzigen Bemerkungen auf, fragen einander um Rat und bereden auch Privates: in welchem Lokal man kürzlich versumpft war, ob *trippa* und *lampredotto*, Kutteln und Labmagen, unter der *loggia* des Porcellino oder doch in der Via de' Macci neben dem Markt von Sant'Ambrogio am besten sind. Ein Wort gibt das andere. Der Florentiner Wortwitz ist legendär und hier hat man den ganzen Tag eine *palestra*, eine Turnhalle, zum Üben. Nebenbei geben die Erfahrenen ihr Wissen an die Jungen weiter.

Das Leder wird maschinell geplättet und dann nimmt Carlo an Pappvorlagen Maß. Die fünf Millimeter dicken Verzierungsstreifen misst er mit bloßem Auge ab, markiert die Schnittlinie mit einem Kugelschreiber und schneidet das Leder millimetergenau zu. Dann bin ich an der Reihe. Die Vorder- und Rückseite sowie die Seiten müssen verleimt werden. Er deutet auf eine große Leimdose, die einen intensiven Geruch verströmt. »*Il mastice*, der Leim«, sage ich. Carlo ist erstaunt, dass ich ein so ausgefallenes italienisches Wort kenne und fasst langsam Zutrauen.

Danach werden, wieder durch eine Pappschablone, die Punkte markiert, wo die Löcher für die Verzierung gestanzt werden sollen. Carlo hat immer ein Auge auf mich, »pass auf, dass es keine Schlangenlinien werden«, während er mir nebenbei Details aus der Geschichte der Scuola erzählt. Zum Beispiel die, als am 4. November 1966 bei der großen Überschwemmung von Florenz der ölige Schlamm zwei Meter hoch in diesem Raum stand: »Alles Leder ging verloren, wir standen vor dem Nichts.« In der Franziskanerkirche Santa Croce nebenan wurde das Kreuz von Cimabue zu siebzig Prozent beschädigt. Das Kreuz ist heute noch ein Symbol für die Katastrophe, die Florenz damals unvorbereitet traf, nach offiziellen Angaben fünfunddreißig Menschenleben kostete und unzählige Kunstwerke in den Depots der Uffizien und Bücher der Nationalbibliothek beschädigte oder zerstörte.

Ich fange an, das Locheisen auf die bezeichneten Punkte zu setzen, dann ein Schlag mit dem Hammer, schon ist das Loch gestanzt. Bereits nach fünf Minuten tut der Arm weh von der ungewohnten Betätigung. Carlo prüft, lobt, gibt Tipps. Nur wer das Handwerk perfekt beherrscht, wird ein großer Künstler. An der Pazzi-Kapelle von Santa Croce hat Brunelleschi das Kuppelbauen geprobt, das er am Dom Santa Maria del Fiore perfektionierte.

Die gegen den azurblauen Himmel gleißend hervorstechende neugotische Marmorfassade der Kirche Santa Croce macht viel her und ist nicht ohne Grund eines der Wahrzeichen von Florenz. Aber die eindrucksvolle Struktur des Bauwerks aus Pietraforte mit seinen spitzen gotischen Fenstern begreift man erst, wenn man das mehr als hundertfünfzehn Meter lange Gebäude umrundet und die B-Seite der Kirche betrachtet, wo sich in einem sonnendurchfluteten Innenhof die Scuola del Cuoio befindet. Der Heilige Franz von Assisi hatte im 13. Jahrhundert persönlich den Platz für die Ordenskirche ausgewählt, der damals noch auf einer Insel vor den Stadtmauern lag. Die heute dreischiffige Basilika lässt die Besucher klein wie Ameisen erscheinen, die ehrfurchtsvoll leise wispernd gegen den Uhrzeigersinn ihre Runde drehen, um den Pantheon der Künstler zu bestaunen. Was in Florenz Rang und Namen hatte, liegt entweder hier begraben oder hat zumindest eine Gedenktafel. Dabei ergeben sich interessante Konstellationen, so sieht Michelangelo Buonarroti direkt Galileo Galilei in die Augen. Gläubige liegen neben Ungläubigen, *in* ist, wer drin ist, wie Niccolò Machiavelli und Leon Battista Alberti, Gioachino Rossini und Ugo Foscolo, genauso aber auch Guglielmo Marconi und Enrico Fermi. Auch den »Erfinder« der italienischen Sprache, Dante Alighieri, hätte man gerne hier begraben, nachdem die Florentiner ihn vorher ins Exil getrieben hatten, aber die Stadt Ravenna weigerte sich, die sterblichen Überreste des *sommo poeta* herauszurücken. Ein Scheingrab hat man ihm trotzdem errichtet.

Das Verhältnis zwischen Dante und Florenz ist in der Tat schwer zu kitten: Wahrscheinlich schaut die Dante-Statue neben der Fassade von Santa Croce deshalb so verdrossen drein. Der Florentiner Mundart-Liedermacher Riccardo Marasco legte dem Dichter der »Göttlichen Komödie« im Lied »L'Alluvione« mit typisch lokalem Sarkasmus in Anspielung auf die verheerende Überschwemmung die Worte in den Mund: »*O fiorentini m'avete esiliato … prendete la merda che Dio v'ha mandato.* Florentiner, ihr habt mich verbannt, dafür hat Gott euch die Scheiße gesandt.«

Jetzt noch die Lederstreifen durch die Löcher fädeln und dabei immer schön fest ziehen. Die Zeit vergeht wie im Flug und es ist schon Mittag. Ab und zu kommt eine adrette Verkäuferin aus den Verkaufsräumen, die sich ein Stockwerk über uns befinden, und erkundigt sich bei den Arbeitern nach den Fortschritten. Carlo ist mittlerweile so begeistert von meiner konzentrierten Gründlichkeit, dass er mich nur noch *»amore«* nennt. Auch die Farbkombination gefällt ihm jetzt, er winkt die Verkäuferin herbei und macht sie darauf aufmerksam: »*Non c'avrei mai pensato.* Das hätte ich nie gedacht«, meint er, »dass das gut aussehen könnte. Das müssen wir uns merken.«

Mit stolzgeschwellter Brust gehe ich schließlich leichtfüßig neben Carlo her eine Treppe höher, das Tagebuch samt Einband unterm Arm, vorbei an den Touristenflocken, manchmal Italiener, oft Amerikaner oder Asiaten, die im Ausstellungsraum die Handtaschen, Gürtel und Brieftaschen in den Vitrinen begutachten. Ich beachte sie gar nicht, denn ich fühle mich schon fast der *Arte dei pelliciai e galigai*, der Zunft der Lederverarbeitenden, zugehörig. In dem langen Korridor im ehemaligen Novizentrakt stehen wie an einer Perlenschnur aufgereiht dunkle hölzerne Tresen, hinter denen Handwerker schnelle Reparaturen ausführen und die Produkte mit einer Zweiundzwanzig-Karat-Goldprägung nach den Wünschen des jeweiligen Kunden entweder mit einem Namen oder einem Wappen schmücken.

Die Gründerfamilie des Unternehmens ist in dritter Generation immer noch präsent und kümmert sich persönlich um Design, Verkauf und Marketing. In Italien brachte die Globalisierung seit den neunziger Jahren einschneidende Veränderungen mit sich und fegte eine große Anzahl der kleinen, familienbetriebenen Handwerksunternehmen vom Platz. Um wettbewerbsfähig zu bleiben, galt es, so viel wie möglich maschinell zu fertigen, die Produktion ins Ausland zu verlegen und neue Märkte zu erschließen. Die Scuola del Cuoio machte all dies nicht mit, sondern stellt nach wie vor rigoros alles in Florenz und von Hand her und bildet zudem immer noch Jahr für Jahr junge Leute aus. Ein wichtiger Faktor in einem Land mit einer Jugendarbeitslosigkeit von rund vierzig Prozent. Manche Produkte sind seit sechzig Jahren im Sortiment – und verkaufen sich immer noch. Das Prädikat »exklusiv« heißt hier noch das, was das Wort meint: ein qualitativ hochwertiges Produkt, das einigen wenigen vorbehalten ist. Der Gründer Marcello Gori sagte einmal: »Mag sein, dass wir nicht Gucci geworden sind, aber Gucci gehört der Familie Gucci schon seit langer Zeit nicht mehr.«

Mit einem charmanten Lächeln fragt mich der durchtrainierte junge *artigiano*, einer der Handwerker hinter den dunklen Holztheken, was ich denn in Gold in den Einband geprägt haben möchte. Eine Florentiner Lilie, das Wappen der Stadt, bitte. Der *artigiano* erhitzt das Siegel über einer kleinen Flamme, schneidet das hauchdünne Goldpapier zur passenden Größe, kühlt das Eisen dann kurz in einem Wasserkelch ab und presst es konzentriert und kräftig auf das Goldpapier auf dem rosa Einband. An der Wand hinter ihm zeigt ein Schwarz-Weiß-Foto Handwerker in den fünfziger oder sechziger Jahren bei derselben Tätigkeit. Es hat sich wenig verändert. Über dem *artigiano* hängt schräg ein Spiegel, damit der Besucher vor der Theke jeden Handgriff mitverfolgen kann: Das Ergebnis ist perfekt, exklusiv, ja einzigartig.

Das Florentiner Genie

Was Keramikfliesen, ein Baumhaus und Kichererbsen-Ravioli gemeinsam haben

Die feingliedrige, attraktive Mittvierzigerin im figurbetonten Hosenanzug eilt durch den Verkaufsraum und begrüßt den Eigentümer überschwänglich: »Riccardo Barthel! Erkennen Sie mich?« Der weißhaarige Inhaber des gleichnamigen Einrichtungshauses in der Via dei Serragli gleich an der Porta Romana, wo die verkehrsbeschänkte Zone beginnt, stutzt einen Augenblick. Man sieht, wie in seinem Kopf die Frage rotiert: »Sollte ich die Dame kennen?« Dann klärt sie auf: »Vor dreißig Jahren haben Sie die Küche meiner Eltern eingerichtet. Es ist, als wäre es gestern gewesen.« Eine Spur erleichtert atmet Riccardo Barthel auf und antwortet mit jungenhaft schelmischem Lächeln: »*Certamente, mi ricordo.*« Ja, er erinnert sich an den Namen und auch an die Küche. »*Bentornata!*« Der Willkommensgruß ist charmant und verbindlich.

Riccardo Barthel fällt auf. Er kleidet sich kontrastreich: die Hose in kräftigem Rot, dunkelblauer Pullover über gestreiftem Hemd, ein beinahe nordischer Stil. Die Florentiner pflegen normalerweise ein dezenteres Understatement. Anders sein als alle anderen, das ist die Maxime von Riccardo, aber mit Geschmack. Den seinen erkennt man sofort: blumengemusterte neapolitanische Keramik, Messingtöpfe, die über dem Herd baumeln, hölzerne Esstische aus dem 18. Jahrhundert, darauf vielarmige versilberte Kerzenhalter, Kristallgläser, Leinenservietten. In den Küchenutensilien und Edelstahlöfen im Retrolook verbirgt sich trotzdem hochmoderne Technik. »Ein Haus sollte gemütlich sein. Dazu braucht man alte Möbel und neue Ideen«, meint Riccardo. »Ich möchte eine Atmosphäre schaffen, die ein bisschen an Fellinis Film ›Amarcord‹ erinnert, an einen Traum.« Alles ist personalisiert und dadurch einzigartig, angefangen beim Messingtürgriff in Dutzenden Varianten, rund, glatt, knubbelig, sechseckig, vertikal, horizontal. Es gibt hundert Arten, ein Zimmer zu betreten. Alt und neu wird kühn kombiniert, ausgediente hölzerne Apothekerschränke erstehen so als Kücheneinrichtung wieder auf. Im Jahr 1976, als der junge unbekannte Architekt mit dem fremd klingenden Namen begann, den Leuten seine Projekte vorzustellen, waren diese für viele Florentiner zunächst einfach nur *strani*, seltsam. Ich hingegen möchte am liebsten sofort in die Verkaufsräume einziehen, so gemütlich wirken sie.

»Es fing an mit der Keramik. Die Leute wollten ordentliche weiße Kachelreihen, ich brachte ihnen bunte und habe sie diagonal montieren lassen. Das war neu – und es gefiel. Die Küchen waren anfangs der Anlass. Doch einmal im Haus, gab's ja noch das Wohnzimmer, die Schlafräume und so weiter«, lächelt Riccardo, denn in seinem Kopf hatte er immer gleich ein Projekt für das Ganze. Heute beschäftigt Riccardo Barthel fünfundzwanzig Mitarbeiter, darunter Keramiker, Schreiner, Tapezierer. In kleinen Werkstätten auf der anderen Seite des Innenhofs kann man ihnen bei der Arbeit zusehen und seine Wünsche direkt loswerden. Der persönliche Kontakt ist wichtig, zu Kunden wie zu Angestellten und Lieferanten. Zum vierzigjährigen Firmenjubiläum hat er alle Mitarbeiter für ein Wochenende nach Venedig inklusive Biennalebesuch eingeladen.

Giorgio Vasari, der Architekt der Uffizien und des nach ihm benannten geheimen Korridors über dem Ponte Vecchio und Verfasser der berühmten Künstlerbiografien der Renaissance, definierte den *genio fiorentino*, das Florentiner Genie, mit dem beständigen Streben, in allem der Beste zu sein – was das ironische und bisweilen scharfzüngige Heruntermachen aller durch alle mit einschließt. »Florentiner sind anstrengend, aber sympathisch«, seufzt Riccardo. Wie schwierig die Florentiner sein konnten, bekamen auch Genies wie Dante Alighieri oder Leonardo da Vinci zu spüren. Den Ersteren trieben sie in die Verbannung und Letzterem hängten sie eine Klage wegen Sodomie an. Der erste Künstler, von dem man mit Überzeugung als Genie sprechen konnte, war Michelangelo Buonarroti, der die Davidskulptur meißelte. Michelangelo unterwarf sich niemandem, was selbst Papst Julius II. schmerzlich erfahren musste. Was fortan zählte, waren die eigenen Ideen, die Hand des Meisters.

Die kreative Hand vermag allerdings wenig ohne Organisation. Da traf es sich hervorragend, dass Riccardo in seiner Frau Daniela eine feinfühlige Managerin fand, die nach traditionellem Modell dem Mann zu Hause den Rücken freihielt und die beiden Kinder Elena und Francesco aufzog. »Riccardo hatte die Ideen und ich habe ihn unterstützt«, erklärt sie ihre Rolle. Nein, Selbstverwirklichung war für die schlanke, elegante Dame mit dem sanftem Lächeln nie ein Thema: »Wir haben uns ergänzt. Ich war immer zufrieden, so wie es war.« Bereits nach wenigen Jahren konnten die jungen Leute ein weitläufiges Anwesen inmitten von Olivenhainen erwerben, nur zehn Autominuten von der Innenstadt und ihrem Geschäft entfernt.

Zwischen Florenz und dem Chiantigebiet bei Galluzzo liegen die verstreuten Häuser des Poggio Secco aus unverputztem Naturstein. Von hier streift der Blick über die Stadt bis zur Domkuppel. An diesem bukolischen Ort hat sich die Familie ihr Paradies geschaffen. Die Häuser restaurierte Riccardo Barthel konservativ, wobei er die traditionellen Stilelemente effektvoll zur Geltung brachte, etwa wenn er die unebenen Pflastersteine des Innenhofs beließ, wo im Sommer an langen Tischen abends gespeist wird. Blickt man auf den Hof, denkt man sofort an karierte Tischdecken und fröhliches Lachen und Lieder in *ottava rima*, toskanische Stegreifgedichte, auf der langen Tafel die geflochtenen *fiaschi* mit Chiantiwein. Italienische Gemütlichkeit pur, aber immer mit einem *tocco di genio*, einer brillanten, unkonventionellen Idee: Mitten im Wohnzimmer baumelt vom Deckenbalken eine Schaukel für die kleine Enkelin.

Die italienische Wirtschaft basiert zum großen Teil auf kleinen und kleinsten Familienunternehmen. Eine große Herausforderung ist die Übergabe erfolgreicher Unternehmen an die nächste Generation. In den nächsten zehn Jahren müssen vierzig Prozent der aktuellen Firmeninhaber des Mittelstands das Ruder abgeben, was oft mit erheblichem Seegang verbunden ist. Besonders wenn, wie bei Barthels, die Persönlichkeit und Kreativität des Gründers ein so dominierender Wesenszug des Unternehmens ist.

Doch im Hause Barthel hat man vorgesorgt. Sohn Francesco ist bereits seit über zwanzig Jahren in der Firma beschäftigt: »Ich war nie der Sohn des Hauses, der sich bequem zurückgelehnt hat, sondern habe alles von der Pike auf gelernt, im Lager, bei den Handwerkern und Lieferanten, im Verkauf. Manchmal hatte ich andere Vorstellungen als mein Vater. Es war nicht einfach, ich musste mir meine Freiräume erkämpfen.« Mit ruhigem, zähen Temperament hat Francesco seine Ideen weiterentwickelt. Seit einigen Jahren befindet sich im oberen Stockwerk des Geschäfts die Kochschule Desinare. Der Name verrät bereits das Konzept: *Desinare* heißt nicht einfach nur essen, sondern bedeutet viel mehr. Üppig soll das Mahl sein, zubereitet mit einfachen, ausgesuchten lokalen Zutaten, und Zeit muss man sich nehmen. Francesco ist bei den Kochkursen immer zugegen, hilft mit, wäscht ab – und probiert. »Natürlich«, lacht er, »das ist doch das Beste dabei.« Er streicht sich mit den Fingern über den kurz getrimmten schwarzen Vollbart, der das eine oder andere Wohlfühlpfund bestens kaschiert. Die Kochkurse gehen auf die Anforderungen der Zeit ein. Hier kann man lernen, wie man Kichererbsen-*Ravioli*, Kastanien-*Maltagliati* oder Linsen-*Ravioli* von Hand macht, und zwar auch glutenfrei. Als Francesco mich einlädt mitzumachen, lasse ich mir das nicht zweimal sagen.

Die Kochlehrlinge verteilen sich um eine große Arbeitsplatte mit integriertem Herd, und während Chef Arturo Dori seine Tricks verrät, müssen wir selbst mit anpacken, Gemüse für die Brühe fein schneiden, Mehl und Eier zu einem elastischen Teig vermengen. Als es ans Kartoffelschälen geht, heften sich wie auf Kommando zehn Augenpaare auf mich. Für die – wie die Italiener es aussprechen – »*catoffen*« ist die Deutsche zuständig. Die Stimmung ist gelöst und am Schluss wird alles gemeinsam bei einem guten Glas Wein verkostet. Erwünschter Nebeneffekt von Desinare ist, dass auch junges Publikum ins Geschäft gelockt wird.

Elena, Francescos ältere Schwester, hat Architektur studiert und in Amerika gearbeitet. Ihr Mann ist Engländer und ein Kollege. Mit der kleinen Tochter pendelt Elena zwischen den Ländern hin und her. »Leider«, erzählt sie, »gibt es hier keine angemessene Arbeit für meinen Mann.« Es ist eine Ironie der Geschichte, dass das Land, das Architekten vom Schlag eines Arnolfo di Cambio, Filippo Brunelleschi oder Leonardo da Vinci hervorbrachte, gegenwärtig kaum Perspektiven in dieser Branche bietet.

Dem genialen Vater ist mittlerweile allerdings auch architektonisch ein neuer Streich geglückt.

Zu ihrem vierzigsten Geburtstag hat er die Tochter mit einer umwerfenden Konstruktion überrascht: »Als die Kinder klein waren, hatte ich immer den Traum, ihnen zum Spielen ein Baumhaus zu bauen. Aber ich fand nie die Zeit dafür. Und so habe ich Elena das Baumhaus eben jetzt gebaut.« Riccardo Barthel macht es Spaß, seine Kinder glücklich zu sehen. Die *casa sull'albero* aus Holz, Stahl und Glas im Anwesen der Familie steht auf vier tragenden Stelzen und ragt zwischen den Kronen von Mittelmeerpinien hervor. Zwei Wände sind gänzlich durch verspiegelte Fenster ersetzt und garantieren eine stimmungsvolle Rundumperspektive, besonders beim Sonnenauf- und -untergang. Auf zwanzig Quadratmetern hat ein verliebtes Paar alles, was es braucht: ein Doppelbett, ein Tischchen und zwei Stühle, eine komplett eingerichtete Miniküche auf zwei Quadratmetern und ein Bad mit Dusche. Alles natürlich im Stile Barthels eingerichtet.

Unterstützt von ihrer Mutter, vermietet Elena die *casa sull'albero* auf einer Sharing-Plattform. Von den Nutzern des Anbieters wurde das Baumhaus im Jahr 2016 zur drittschönsten Destination weltweit gekürt. Es ist für romantische Wochenenden heiß begehrt, was auch die *Bellissimo*-Kommentare auf der Schiefertafel hinterm Bett bezeugen, auf der die Gäste mit Kreide ihre Gedanken und Gefühle notieren können. Die Barthels haben mit dem Baumhaus den Nerv einer jungen, vielleicht nicht allzu großen, dafür aber besonders anhänglichen Klientel getroffen.

Als der ehemalige Bürgermeister von Florenz und spätere Ministerpräsident Italiens, Matteo Renzi, Anfang des Jahrtausends noch Präsident der Provinz von Florenz war, rief er unter dem Slogan »Genio Fiorentino« eine Eventreihe ins Leben, die musikalische, künstlerische und literarische Veranstaltungen bündelte und an die herausragenden Geister der Florentiner Kultur erinnern sollte. Die jährliche Zurschaustellung des Geniegedankens erwies sich über die Jahre dann allerdings doch nicht als massentauglich. In der italienischen Filmkomödie »Amici miei« aus den siebziger Jahren definiert ein Protagonist Genie mit »Fantasie, Intuition, Entscheidungsfreude und Schnelligkeit in der Ausführung«. Keine Frage, das ist bei den Barthels der Fall. Hinzu kommen allerdings noch: die Offenheit für Neues, das Interesse am Anderen, die Bereitschaft, Fremde im Haus aufzunehmen, als gehörten sie schon immer dazu. Daniela Barthel bringt es auf den Punkt: »Meine Gäste nennen mich ihre *mamma fiorentina*. Wir sind alle eine große Familie.« Der menschliche Faktor zählt mehr als Marketing. Auch das ist Genie.

Bankraub und Pomarola

Ein Serienräuber, der Krimis mag, und das Attentat auf die Medici

In einem riesigen Topf kochen Unmengen *spaghetti* in weiß schäumendem Salzwasser. Mit kräftigen Bewegungen rührt Antonio die Nudeln um und prüft ab und zu, ob sie schon *al dente* sind. In einer großen Pfanne daneben blubbert leise die *pomarola*, die Tomatensauce. Ein Hauch von Knoblauch liegt in der Luft. Die Küche ist so klein, dass zwei Leute riskieren, einander auf die Füße zu treten, wenn sie zusammen an den Töpfen hantieren. Gleich nebenan im Esszimmer herrscht geschäftiges Hin und Her, bis alle einen Platz gefunden haben, möglichst mit Blick auf den kleinen Fernseher in der Ecke, der flimmernde Bilder der Nachrichten zeigt. Zwanzig Personen warten aufs Mittagessen und lachen, schimpfen und schweigen durcheinander. Ein Zug rast schrill pfeifend direkt am Haus vorbei, die Fenster vibrieren und man meint, er würde mitten durchs Gebäude fahren. Hier im Heim der Caritas wohnen Obdachlose und schwierige Sozialfälle. Die Geschichte von Florenz ist enger mit gesellschaftlichen Randgruppen verknüpft, als ein schneller erster Blick verrät.

Antonio ist die Ruhe selbst. Graue Korkenzieherlocken fallen ihm in die braun gebrannte Stirn bis über die Augen, hinten sind die Haare beinahe noch schwarz und zu einem kurzen Pferdeschwanz gebunden. Mit der Vokuhila-Frisur erinnert er ein wenig an Roberto Baggio, den legendären, fantasievollen Fußballspieler. »Als Kind nannten mich alle *o' sarracino*, den Sarazenen.« Antonio grinst spitzbübisch und offenbart ein nicht mehr ganz intaktes Gebiss. Die Sarazenen waren gefürchtete Seeräuber, die die Küsten Italiens das ganze Mittelalter über in Angst und Schrecken versetzten. Er ist in einem kleinen Dorf bei Neapel aufgewachsen, sein Großvater war der Boss des Dorfes und saß jahrelang im Gefängnis, der Vater ebenso.

Mit einem Augenzwinkern und ein bisschen kokettierend setzt Antonio hinzu: »Mit meinem Gesicht musste ich ja auf die schiefe Bahn geraten. Ich glaube nicht daran, dass schlechter Umgang oder das Umfeld schuld sind. Ich entscheide hier, was ich tun will.« Dazu tippt er sich mit dem Zeigefinger an den Kopf. Vor vierzig Jahren ist er nach Florenz gezogen, wo bereits sein älterer Bruder lebte. Die ersten Jahre wohnt er gleich an der Piazza della Signoria, dann in der Nähe des Gefängnisses Le Murate am Arno, »der Einfachheit halber«, grinst er selbstironisch. Mit der Zeit wird das Leben in der Innenstadt zu teuer, die Leute vermieten Zimmer lieber zu höheren Preisen an Touristen. Antonio zieht mit Frau und zwei Töchtern in die neu bebauten Randgebiete mit kasernenartigen Wohnquadern im Westen, die schnell emporsprossen, wo einst Äcker waren. Hier, in der Nähe der mit Stahlseilen gesicherten Brücke Ponte all'Indiano, erinnert die Stadt ein bisschen ans New Yorker Brooklyn. Auch das Gefängnis wurde nach Sollicciano in die südwestliche Peripherie verlegt. Heute sitzen dort ein Drittel mehr Insassen ein als vorgesehen, während aus dem ehemaligen Gefängnis Le Murate ein Kunst- und Kulturzentrum mit literarischem Café wurde.

Antonio arbeitete in Fabriken oder am Bau. »Wenn es zum Monatsende hin nicht reichte, dachte ich mir was aus: Zigarettenschmuggel, alles Mögliche«, schließt er vage über *l'arte dell'arrangiarsi*, die oft fantasiereiche und nicht immer legale Art, sich über Wasser zu halten. »Aber mit Drogen wollte ich nie etwas zu tun haben.« Was denn Frau und Töchter zum »Nebenverdienst« meinten? »Meine Mutter hat meine Frau damals vor mir gewarnt, sie wusste also, auf was sie sich einließ.« Sein Lächeln ist eine Spur weniger selbstsicher als gerade eben noch, die Hand rührt weiter mechanisch im *Spaghetti*-Topf. »Meine Töchter sagen immer, die *mamma* hatte die Wahl, wir hatten keine.«

»Florenz ist besonders schön bei Nacht. Wenn andere schlafen, lebe ich auf.« Am besten gefällt Antonio das Stadtviertel San Frediano auf der Südseite des Arno, *»perchè la gente lì parla come mangia«*, weil die Leute dort reden, wie ihnen der Schnabel gewachsen ist, oder wörtlich »wie sie essen«. Wenn er Geld hat, gönnt sich die ganze Familie an der Porta San Frediano mit den originalen Holztüren aus dem 14. Jahrhundert eine *bistecca chianina*, ein mindestens fünf Zentimeter hohes Florentiner Steak. Die riesigen weißen Rinder des Chianatals, die als Nutztiere schon von Römern und Etruskern eingesetzt wurden, liefern das beste Fleisch.

Im Jahr 2008 trifft Italien die Wirtschaftskrise und die Baubranche spürt sie besonders. Als nunmehr selbständiger Bauarbeiter verliert Antonio Aufträge, Kunden zahlen nicht. Die Diskussionen mit der Familie nehmen zu, ihnen wird die Wohnung gekündigt. Antonio versucht eine »Lösung« zu finden. Er quartiert sich in einem kleinen Hotel gleich neben dem Dom ein. Wenn er erzählt, schaut ein Auge immer ein bisschen nach rechts und das andere nach links, sodass man nicht genau weiß, in welches man schauen soll. Seine Stimme klingt dabei sonor und entschieden. Im Märchen vom Wolf und den sieben Geißlein würde man ihm sowohl die Rolle des Wolfs als auch die der Geißen abnehmen. Die Sätze sind kurz und prägnant: »Die Stimme ist wichtig. Du musst sicher wirken, sonst kannst du's gleich vergessen.«

In sechs Tagen überfällt er mit einer geladenen Pistole zwölf Banken und Geschäfte im Viertel Borgo Ognissanti, auf der San Frediano gegenüber liegenden Flussseite und immer in der Nähe seiner Absteige. In Ognissanti lebte einst der Seefahrer und Kartograf Amerigo Vespucci, dem der neu entdeckte Kontinent Amerika seinen Namen zu verdanken hat – das erzählt man sich zumindest in Florenz. In den schattigen Straßen gleich um die Ecke des amerikanischen Konsulats scheint Antonios Plan zunächst aufzugehen. Bei den Überfällen maskiert er sich erst gar nicht, aber nachdem er keine Vorstrafen und keinen festen Wohnsitz hat, gelingt es den *carabinieri* trotzdem nicht sofort, ihn ausfindig zu machen. Er schafft es bis auf die Titelseite der italienweit verkauften Tageszeitung *La Nazione*: »Serienräuber!«

In Sachen Kriminalität ist Florenz nicht ganz so gefährlich, wie im populären Computerspiel »Assassin's Creed« suggeriert wird. Die Tageszeitung *Il Corriere* berichtet, dass man in Großstädten wie Mailand oder Neapel unsicherer lebt. Doch eine dröge Provinzstadt war Florenz auch nie. Angezeigte Diebstähle pro hunderttausend Einwohner sind häufiger als in Rom und kommen den Zahlen von Mailand nahe. Die Daten in Sachen Körperverletzung, Mord und Erpressung legen im Vergleich zu anderen italienischen Städten durchaus eine Neigung zur bisweilen brachialen Konfliktlösung nahe.

Im Jahr 1478 versuchte die Familie der Pazzi – im Italienischen ist *pazzo* auch das Wort für verrückt – mit Unterstützung des Papstes sowie der rivalisierenden Städte Siena und Neapel, die Florenz beherrschende Familie der Medici zu stürzen. Die Medici-Brüder Giuliano und Lorenzo sollten am Sonntag, dem 26. April, im Dom Santa Maria del Fiore ermordet werden. Bei Giuliano ging der Plan auf, Lorenzo hingegen entkam verwundet. Die Verschwörer versuchten noch auf der Piazza della Signoria mit dem Ruf »*libertà, libertà!*« das Volk auf ihre Seite zu ziehen, wurden aber von den Anhängern der Medici unter dem Ruf »*palle, palle*« aufgehängt. *Palle* heißen die urspünglich sechs Kugeln auf dem Medici-Wappen.

Schließlich kommen die Ermittler doch auf Antonios Spur und erwarten ihn im Hotel. »Da wusste ich, es ist vorbei.« In Antonios Stimme schwingt kein Bedauern. Weil er das Urteil sofort annimmt, ohne Einspruch einzulegen, werden aus den vom Staatsanwalt geforderten elf bloß fünf Jahre Gefängnis.

Die *pasta* ist fertig. Antonio weist einen jungen Mann an, wie er das Wasser abseihen soll, nimmt dann ein paar Portionen *spaghetti* aus dem großen Kochtopf, verteilt sie auf einige Teller und beträufelt sie lediglich mit Olivenöl: »Die sind für die Kranken, die Diät halten müssen.« Die restlichen Portionen mit der Tomatensauce verteilt er mit schnellen Bewegungen auf die Tische. Man würde ihm weitaus weniger als fünfundsechzig Jahre geben. Die Schultern und Arme sind muskulös, den Kopf hat er wie ein Rugbyspieler ein bisschen zwischen den Schultern versteckt, als sei er jederzeit auf einen Schlag gefasst. Als alle Anwesenden ihr Essen haben, setzt sich auch Antonio ans Kopfende eines Tisches.

Im Sommer 2014 aus dem Gefängnis entlassen, lebt Antonio seitdem – das erste Jahr noch unter Hausarrest – im Heim der Caritas. Bei einer Spedition findet er Arbeit als Packer. Die Familie besucht er an Festtagen, man nähert sich langsam wieder an. »In ungefähr einem Jahr bekomme ich eine kleine Rente und kann mir dann vielleicht eine eigene Wohnung leisten. Jedenfalls habe ich jetzt endlich Zeit, Krimis zu lesen. Ich möchte meine grauen Zellen frisch halten«, lacht er und resümiert sein

Leben: »Vierzig Jahre waren so lala. Die letzten Jahre waren schwierig. Aber ich hatte auch zehn gute Jahre. »*Vedremo*, man wird sehen, was kommt. « Draußen donnert der nächste Zug vorbei.

Sklaven, Findelkinder und Dichter

Vom Englischen Friedhof, der eigentlich ein Schweizer ist

Über den Himmel jagen dunkle Wolken. In undurchdringlich glattem Wasser liegt verloren eine steinerne Insel, in deren Mitte sich schwarzgrüne Zypressen eng aneinanderpressen. An den bleichen Felswänden der Insel gähnen offene Grabkammern. Der Schweizer Symbolist Arnold Böcklin malte »Die Toteninsel« zwischen 1880 und 1886 in fünf Versionen. In jeder davon hält ein Ruderer auf eine Insel zu, am Bug steht eine schlanke weiße Figur, die unverwandt auf einen weißen Sarg vor sich blickt. Die düstere Gemäldeserie stieß auf ein breites öffentliches Interesse, angefangen bei Sigmund Freud bis zu Salvador Dalí. Hitler erwarb 1936 die dritte Version, die heute in der Alten Nationalgalerie in Berlin zu sehen ist. Der Englische Friedhof von Florenz mit seinen Zypressen auf der Hügelspitze gilt als eine Vorlage für Böcklins Gemälde. Die Tochter des Malers, Maria, liegt dort begraben.

Im Gegensatz zu Böcklins Gemälde ist der Himmel heute strahlend blau. Die Sonne flutet warm die Luft. Rechts und links brausen Autos und *motorini* in beide Richtungen. Ich stehe vor dem großen schmiedeeisernen Eingangstor des Friedhofs für Nichtkatholiken – also für Protestanten, orthodoxe Christen oder nicht Praktizierende anderer Konfessionen – mitten auf der Circonvallazione, der meistbefahrenen Gürtelstraße von Florenz, die den Stadtkern umfasst. Als Mitte des 19. Jahrhunderts Florenz für sechs Jahre zur Hauptstadt Italiens gekürt wurde, riss man die Stadtmauern ein, um nach dem Vorbild der Pariser Boulevards Platz für breite Alleen zu schaffen. Der ovale Friedhofshügel am Piazzale Donatello, der urspünglich außerhalb der Stadtmauern angelegt worden war und mit der Zeit mit der Stadt verwuchs, blieb als eine Insel inmitten des allgemeinen Umbruchs stehen.

Eine Tafel am Eingang weist darauf hin, dass der Englische eigentlich ein Schweizer Friedhof ist, denn das Terrain gehört der Schweizer Evangelisch-reformierten Kirche. Aber die Briten hatten eine große Summe zum Kauf beigesteuert und die meisten Gräber tragen angelsächsische Namen. Wenige Meter vom Eingangstor entfernt liegt ein kleines eierschalenfarbenes Häuschen mit einem Durchgang in der Mitte, der den Blick auf den zentralen Weg des Friedhofs lenkt. Der Torbogen des Gebäudes bietet im Sommer willkommenen Schatten. Jetzt erwartet mich dort in der windstillen Kühle Julia, die beinahe achtzigjährige Friedhofshüterin. Schnellen Schrittes und mit einem herzlichen Lächeln eilt sie mir über den mit Schottersteinchen bedeckten Weg entgegen und begrüßt mich mit weichem englischen Akzent. Seit ihrer Ankunft in Florenz im Jahr 2000 wohnt die ehemalige Professorin der amerikanischen Universitäten Princeton und Berkeley in dem kleinen Friedhofshäuschen, dessen Wände bis unter die Decke mit Büchern ausstaffiert sind, recherchiert und erzählt die Geschichten der Ausländer, die im 19. Jahrhundert in Florenz lebten und dann für immer blieben: »Von den ursprünglich vierzehnhundert Gräbern aus sechzehn Nationen konnten wir bis jetzt die Hälfte retten.«

Die zierliche Frau in einfacher weißer Bluse, dunklem Rock und cremefarbenem Kopftuch, das sie im Nacken verknotet trägt, ist mittlerweile fast genauso bekannt wie der Friedhof selbst. Institutionen und Privatleute aus ganz Italien, aber auch aus England oder den USA unterstützen Julia bei ihrer Mission, sowohl den Friedhof als auch das Andenken an die Verstorbenen, wie den Verleger Jean Pierre Vieusseux, der mit seinem weltläufigen literarischen Kreis das intellektuelle Florenz animierte, weiterhin lebendig zu halten. Die Worte der ehemaligen anglikanischen Nonne, die jetzt als Einsiedlerin lebt, klingen warm und mitreißend. Sie kichert belustigt wie ein Teenager, wenn ihr ein Argument gefällt.

Zwischen den für das 19. Jahrhundert charakteristischen milchweißen Grabsteinen, romantischen Säulen und Pyramiden, blumenbekränzten Mädchen- und weinenden Engelsstatuen blühen Rosensträucher und Ginster. Am Wegrand knospen himmelblaue Schwertlilien, das Wahrzeichen von Florenz. Die Hügelkuppe fällt schließlich steil in die Richtung ab, in der einst das Stadttor Porta Pinti stand.

Während wir das in Zypressen gefasste Eiland durchschreiten, ebbt das Brausen des Verkehrs langsam ab, bis ich nur noch den knirschenden Kies unter meinen Schuhen und Julias Stimme höre. Vor einem blank geputzten Marmorgrabmal auf der linken Wegseite bleiben wir trotz brütender Mittagshitze stehen. Die englische Dichterin Elizabeth Barrett Browning – oder EBB, wie hier steht – ist neben einen Rosenstrauch gebettet. »Das Porträt auf dem Sarkophag mit dem brav geflochtenen Lockenkranz passt gar nicht zur ihr«, schüttelt Julia den Kopf. »Ihre Locken waren so ungezähmt wie ihr Geist frei war.« Die Verfasserin von »Aurora Leigh« dichtete leidenschaftlich gegen Sklaverei und Kinderarbeit an, sowie für die Rechte der Frauen und die italienische Einigung. In Florenz fand sie viele gleichgesinnte *forestieri*, Ausländer, wie die englische Schriftstellerin Frances Trollope, die amerikanische Journalistin Margaret Fuller und den Prediger Theodore Parker, der Abraham Lincoln und später auch Martin Luther King inspirierte. EBBs Ideale sind auch die von Julia. Amüsiert gibt sie zu, wie gerne sie in Gedanken Zwiesprache und Diskussionen mit den hier Versammelten hält. »Ist es nicht merkwürdig, wie sich Geschichte und Geschichten in Florenz treffen? Besonders an diesem Ort. Viele derjenigen, die hier ruhen, kannten einander oder waren sogar befreundet.«

Auf dem Englischen Friedhof vor EBBs Grab spielt auch die erste Einstellung von Regisseur Franco Zeffirellis teilweise autobiografischem Film »Tee mit Mussolini«. Ganz im Bann der Schönheit von Florenz, lavieren sich darin resolute englische Ladys durchs faschistische Italien. »Schönheit wird die Welt retten«, schrieb Fjodor Michailowitsch Dostojewski in seinem Roman »Der Idiot«, an dem er während seines Aufenthalts in Florenz arbeitete, und hier ist man geneigt, ihm zu glauben.

Seit jeher war Florenz *la bella*, die schöne Stadt, wie sogar ein französisches Sprichwort einräumt. Doch wo viel Licht ist, fallen auch Schatten. Nach verheerenden Pestepisoden im 14. Jahrhundert brauchte man Arbeitskräfte. Seit der Renaissance wurden deshalb auch immer mehr »ungläubige« Sklaven und Sklavinnen aus Afrika oder dem Orient nach Florenz verschleppt. Das Los ausländischer Frauen war besonders hart. Im 15. Jahrhundert wurden sie, sofern nicht verheiratet, als Prostituierte, Sklavinnen oder Bedienstete registriert. Im Jahr 1436 waren von einundsiebzig amtlich gelisteten Prostituierten sechsundzwanzig Niederländerinnen, sechzehn Deutsche, dreizehn kamen aus Süditalien und nur eine war Florentinerin. Der Englische Friedhof erzählt auch die Geschichten derer, die noch im 19. Jahrhundert am Rand der Gesellschaft lebten. »Nadezhda hier,« Julia deutet auf ein Grab, »wurde mit vierzehn Jahren aus Afrika verschleppt und als Sklavin verkauft. Sie starb im Alter von dreißig Jahren.«

Die Florentiner Bankiersfamilie der Medici galt eingangs der Renaissance als eine der reichsten der Welt. Doch der Reichtum kam nicht bei allen Bevölkerungsschichten an. Es mussten Antworten auf drängende soziale Probleme gefunden werden. Während Filippo Brunelleschi an der Domkuppel arbeitete, entwarf er quasi nebenbei an der Piazza

Santissima Annunziata das erste Findelhaus Europas. Mütter in finanziellen oder gesellschaftlichen Nöten konnten ab dem 15. Jahrhundert anonym ihre Kinder durch ein Fenster in die sogenannte *ruota*, eine Kinderklappe, in der windgeschützten *loggia* des Spedale degli Innocenti legen. Das Fenster war vergittert und gerade groß genug, dass ein Neugeborenes durchpasste, ältere Kinder wurden nicht aufgenommen. Oft ließen die Mütter Briefe oder Medaillonhälften bei den Babys und hofften, durch die andere Hälfte in besseren Zeiten ihr Kind wiederzufinden. Die Zahl der ausgesetzten Kinder stieg kontinuierlich und schwankte im 18. Jahrhundert zwischen fünf- und siebenhundert pro Jahr, mit einem traurigen Rekord im Jahr 1767 von tausendundsiebenundfünfzig ausgesetzten Säuglingen, die dann vom Institut aufgezogen wurden. Die Kinder bekamen alle den Nachnamen Innocenti, Degl'Innocenti oder Nocentini, auch jetzt noch stark verbreitete Nachnamen in Florenz und Umgebung.

Die sozialen Fragen mögen heute andere sein als vor hundert oder fünfhundert Jahren. Aber »eine Gesellschaft sollte sich daran messen lassen, wie sie mit den Schwachen, Kranken und Kindern umgeht«, sagt Julia. Ganz im Geiste von EBB und ihren Freunden vom Englischen Friedhof hat Julia eine sechsköpfige Romafamilie bei sich im Häuschen aufgenommen. »Sie restaurieren die Gräber und gärtnern wundervoll, das könnte ich alles nicht mehr machen. Dafür bringe ich den vier Kindern Lesen und Schreiben bei.« Als ich das umzäunte

Gelände verlasse und mich noch einmal umwende, liegt der Friedhofshügel mit seinen weißen Marmorsäulen, Statuen und Kreuzen vor strahlend blauem Himmel wie ein zusammengerollter Igel im Kreisverkehr der Circonvallazione. Wenn man Julia und ihren Erzählungen lauscht, erkennt man in ihnen die Widerhaken der Geschichte von Florenz.

Geld, Macht, Kunst

Schwarze Männchen, ein diamantbesetzter Totenkopf und eine heilige Spinne

Irgendwo an den Lungarni, den Straßen, die den Arno links und rechts begleiten, beobachte ich, wie sich eine Touristenschlange aus einer Seitenstraße hervorwindet, am Kopf die Fremdenführerin mit Fähnchen. Mein Auge fällt eher zufällig auf ein Straßenschild neben der Gruppe, ein weiß-rotes »T« auf blauem Grund für Sackgasse. An dem »T« klebt ein schwarzes Männchen, wie ein Gekreuzigter. Wieder einer. Der schlanke Mann neben mir, schmales Gesicht, verwuschelte Haare, die an den Schläfen grau zu werden beginnen, und schwarze Brille, grinst: »Sie sind überall.« Clet, eigentlich Clet Abraham, stammt aus der Bretagne und macht seit Jahren Street-Art in Florenz. Seine Aktionen bringen regelmäßig den Puls der Behörden zum Rasen, während die Florentiner ihm meist mit Sympathie begegnen. Ein Fremder legt den Finger dahin, wo es wehtut.

Florenz lebt gut vom Tourismus und den Kunstschätzen seiner Renaissance-Vergangenheit. Auf der nördlichen Arno-Seite schieben sich die Massen entlang der Piazza della Signoria, vorbei an der Kopie von Michelangelos David vor dem Palazzo Vecchio, der Loggia dei Lanzi und dem etwas verloren wirkenden Neptunbrunnen Ammanatis, der von den Einheimischen als *biancone*, großer Weißer, bespöttelt wird. Die Herrschenden wollten mit den immer gigantischeren Statuen *bella figura* machen. Das fing bereits mit den ersten Berühmtheiten aus der Familie der Medici, Cosimo und Lorenzo an. Lorenzo wurde dafür in Ermangelung geeigneter Beinamen als »der Prächtige« apostrophiert, denn »der Schöne« hätte angesichts seiner unglücklichen Physiognomie nun wahrlich nicht gepasst. Außerdem litt er an Schuppenflechte und Arthritis und konnte nichts riechen. Allerdings hatte er einen Riecher für die Kunst und die Künstler dankten es ihm.

Clet dagegen lässt Autoritäten und Bürokratie wie den Kaiser ohne Kleider dastehen: »Verkehrsschilder beeinträchtigen an sich ja schon das künstlerische Erleben. Ich versuche, der unnahbaren Autorität ein menschliches Gesicht zu geben.« Bei diesen Worten erscheint eine kleine Trotzfalte zwischen den Augen auf Clets jugendlichem Gesicht. Als er vor fast zwanzig Jahren nach Florenz kam und niemanden kannte, wohnte er anfangs in seinem Atelier in der Via dell'Olmo an der Ecke zur Via San Niccolò, weil er sich keine Wohnung leisten konnte. »Zuerst hatte ich keinen Plan, doch dann hat sich alles ganz natürlich gefügt. Ich wollte die Autoritäten hinterfragen, so effizient wie möglich visuell kommunizieren und war gern auf der Straße unter Leuten.«

Mit seinen auf die Verkehrsschilder geklebten schwarzen Männchen hat Clet schnell die Lacher auf seiner Seite: der Einbrecher, der durch den weißen Strich des Einfahrtverbots steigt, das Mammut mit nach unten gekehrten Stoßzähnen, das dem Richtungspfeil »geradeaus« entspringt, oder der Fisch, der im Pfeil »nach rechts« vor blauem Hintergrund dem Schwarm entkommt und gegen den Strom schwimmt. »Ich möchte, dass die Leute einen Augenblick nachdenken. Was will Kunst, für wen ist sie zugänglich?« Mit einer elastischen Bewegung schwingt Clet sich auf sein klappriges Fahrrad, wir verabreden uns für später in seinem Atelier, und schon ist er vom Strom der Autos und Motorräder verschluckt.

»*Senza lilleri non si lallera*«, das Florentiner Pendant zu »ohne Moos nichts los«, gilt heute mehr denn je. Als vor einigen Jahren im Palazzo Vecchio der mit über achttausendsechshundert Diamanten verzierte Totenschädel des englischen Kunststars Damien Hirst im Wert von hundert Millionen Euro ausgestellt wurde, konterte Clet mit seinem zwei Meter hohen »einfachen schwarzen Mann«, den er mit einem Bein am Brückenpfeiler des Ponte alle Grazie befestigte, während das andere Bein einen großen Schritt ins Leere oder – je nachdem, wie man es sehen will – in die Freiheit mit Blick gen Ponte Vecchio machte. Die Florentiner lachten amüsiert, die Behörden entfernten das Männchen auf dem schnellsten Weg.

Die offizielle Politik setzt weiterhin auf große Namen, um Touristen anzulocken. Erfolgreiche zeitgenössische Künstler wie Jan Fabre, Jeff Koons oder Ai Weiwei folgen dem Lockruf an den Arno gerne. Wer heute vor oder im Palazzo Vecchio,

Palazzo Pitti oder Palazzo Strozzi ausstellen darf, ist Teil der Crème de la Crème der internationalen Kunstszene.

Kunst und Geld gehören seit jeher zusammen. Am vorindustriellen Kapitalismus vom Florenz des 15. Jahrhunderts inspirierte man sich gerne. Die soliden, tresorartigen Mauern des Strozzi-Palasts standen Pate für die amerikanische Federal Reserve Bank in New York. Die Medici waren ja zuallererst Privatbankiers, die mit ihrer Bank von 1397 bis 1494 vornehmlich Päpste und europäische Herrscherhäuser bedienten und in ganz Europa präsent waren. An ihrem *banco*, einem einfachen Tischlein mit grüner Decke in der Via della Porta Rossa, verrichteten sie ihre Tagesgeschäfte. Die großen Deals wurden freilich in ihrem *palazzo* in der einstigen Via Larga abgewickelt. Wucher, angelehnt an Aristoteles' »nummus nummum parere non potest«, Geld kann kein Geld schaffen, war nach mittelalterlichem Verständnis Sünde und nicht tolerierbar. Um den Ruch des Illegalen und Verwerflichen loszuwerden, war die Förderung beziehungsweise der Erwerb von Kunstwerken ein ausgezeichnetes Mittel, besänftigte sie doch sowohl die kirchlichen Gemüter als auch das eigene Gewissen.

Jenseits des Arno, gegenüber den Uffizien, ist die Gegend auf den allerersten Blick weniger spektakulär. Gleich in der Nähe des Ponte Vecchio beginnt die Straße der Familie Bardi, deren *compagnia* eine der größten Banken Europas war und gute fünfzig Jahre vor der Eröffnung der Medici-Bank pleiteging. Die Nachbeben der finanziellen Katastrophe meint man noch heute zu spüren: Mittelalterlich düstere Mauern und meterhohe, mit Eisennägeln beschlagene hölzerne Tore und vergitterte Fenster strahlen Unnahbarkeit und Kälte aus. Es riecht nach Feuchtigkeit und manchmal sticht ein Hauch Kanalisation in die Nase. Im Keller der Hausnummer 32 wurde die in Italien bekannte Punk- und Rockgruppe Litfiba gegründet, was die Fans nicht vergessen und mit *graffiti* an der Hauswand feiern. Im Liedtext von »L'impossibile« schreibt Leadsänger Piero Pelu einen Brief an die Mächtigen der Welt, in dem er ankündigt, dass er wie David mit der Steinschleuder gegen Goliath antreten wird, denn *l'impossibile non c'è*, nichts ist unmöglich. Der steinerne David steht keine zweihundert Meter Luftlinie entfernt auf der anderen Flussseite und hat es vorgemacht.

Wenig später geht die Straße über in die Via San Niccolò, die erst an der mächtigen Porta San Niccolò endet, wo man meist auch bequem einen Parkplatz findet, bevor die für auswärtige Autos gesperrte ZTL-Zone des *traffico limitato* beginnt. Touristen hasten achtlos entlang. Sie wollen die Rampe hoch zum Rosengarten und weiter zum Piazzale Michelangelo. Auf der rechten Straßenseite liegt im hübsch restaurierten Palazzo Nasi Quaratesi, in dem schon Michelangelo und Raffael verkehrten, das Museum und Atelier des Goldschmieds Alessandro Dari. Die sanfte Musik einer Bachkantate erfüllt den hohen Raum. Aus mehreren Richtungen tickt und blubbert es. Nur langsam findet man sich zurecht im Labyrinth aus pyramidenförmigen Glasvitrinen und auf den ersten Blick unverständlichen Zeitmaschinen, die vor sich hin ticken. Unter Glasglocken liegen Dutzende Exponate der verschiedenen Phasen des *maestro*, darunter Kronen-, Schlösser- und Kirchenringe mit gelbgoldenen gotischen Rosetten- und Kuppelmotiven, mehrfarbige Goldräder der Zeit, wo kleinste Zahnräder ineinandergreifen, ein in Achtzehn-Karat-Gelbgold gegossener Flügelschlag eines Schmetterlings, Korallen aus Gelb- und Weißgold mit Rubinen und Diamanten.

Ein Regal voller Apothekerflaschen aus braunem und blauem Glas mit absolut tödlich klingenden Beschriftungen wie »Bicromato Potassio«, »Solfato Zinco« und »Potassio Nitruro« trennt den Ausstellungsraum von der Werkstatt. In den *botteghe* schlägt das wahre Herz von Florenz. In den ebenerdigen, oft nur garagengroßen Verschlägen wird getüftelt, erprobt, verworfen, mit den Nachbarn gequatscht was das Zeug hält. Hier zeigt sich bisweilen aber auch die Begrenztheit des Florentiners: *aver lo spirito del bottegaio* bedeutet, wenig über den Tellerrand hinauszuschauen, engstirnig und kleingeistig nur die Pfennige zu zählen – das Gegenteil einer weltoffenen, flexiblen und modernen Mentalität.

Der schlanke *maestro* Alessandro scheint geradewegs der Renaissance entstiegen. Kinnlange schwarze Haare umrahmen dunkle Züge und eine markante Nase. Sogar die engen, strumpfhosenartigen Renaissance-Hosen hat er an. Ach nein, er komme gerade vom Joggen, erklärt er – zwölf Kilometer täglich den Arno entlang, deswegen auch die athletische Figur. In seinem Atelier versucht Alessandro formlose Musik, Zeit und Seelenschwingungen in Materie zu verwandeln: »Warum nehmen wir Zeit innerlich unterschiedlich wahr? Manchmal vergeht sie in einem Wimpernschlag, manchmal ist sie zäh wie Klebstoff. Alles ist in Bewegung und ändert sich ständig«, erklärt der Autodidakt. Etrusker, Gotik, Renaissance, alles an der kulturellen toskanischen Vergangenheit inspiriert ihn, und natürlich der ewige Kampf zwischen Gut und Böse. Eines seiner skulpturenähnlichen Kunstwerke, »Die heilige Spinne«, ist im Silbermuseum des Palazzo Pitti ausgestellt. In der Halskette mit gelb schimmerndem Madeiratopas verschmilzt die Angst verkörpernde Spinne mit einem Mut einflößenden Skarabäus.

Mit Punze und Stichel bearbeitet Alessandro konzentriert über den mit tausend Werkzeugen übersäten Arbeitstisch gebeugt das Wachs, gießt es dann mit den Metallen aus. Alles macht er selbst. Daneben gibt er Kurse für angehende Goldschmiede und lehrt an der Florentiner Universität. Der Sohn eines Bankangestellten steht dem Engagement von Stadt und Staat in Sachen Kunst kritisch gegenüber und beklagt die mangelhafte Ausbildung der jungen Generation. Italien tut sich schwer, ein Gleichgewicht zu finden zwischen der glorreichen Vergangenheit und dem Aufbruch in die Gegenwart. Noch ist die Erinnerung an die Schulreform der einstigen Kultusministerin Mariastella Gelmini frisch im Gedächtnis, die den Unterricht im Fach Kunstgeschichte an den Mittel- und Oberschulen zugunsten einer naturwissenschaftlich-technischen

Ausrichtung drastisch gekürzt und für manche Schularten sogar abgeschafft hatte. Umgehend erbebte Italien in einem entrüsteten Aufschrei, man verrate seine humanistischen Wurzeln. Nach Jahren des Tauziehens wurde die Reform wieder zurückgepfiffen.

Nur hundert Meter weiter, an der Ecke zur Via dell'Olmo, hat Clet sein Atelier. Er wartet schon auf mich und wir gehen in Richtung Porta San Niccolò, dem einzigen in seiner ursprünglichen Höhe von rund vierzig Metern belassenen Stadttor. Auch ihm hat Clet im Jahr 2012 schon eine fünfzehn Meter lange Nase verpasst. Verwundert schaute der Turm mit offenem Mund die Besucher an, die manchmal genauso erstaunt zurückstarrten.

Das Vorbild Clets hat einiges bewirkt. In den Straßen um sein Atelier hat sich eine Szene junger Künstler gefunden. Kleine *graffiti* und Strichmännchen mit roten Luftballons zieren die Häuserwände. In einem Schaufenster stehen Holzblöcke in Buchform mit der Aufschrift »Die wahre Geschichte eines Baumes«. Auch eine unabhängige Galerie hat sich eingerichtet. Noch ist die lokale Kunst ein zartes Pflänzchen, das im Schatten der großen Namen und Events ohne offizielle Unterstützung mühsam eine Identität sucht. Eine japanische Touristin kreuzt unseren Weg und folgt mit den Augen Clets Hand, die auf eines seiner Verkehrsschilder zeigt: In einem roten Stoppschild frisst sich ein fröhlicher Wurm durch den leckeren Apfel. Die Japanerin lacht, sie hat verstanden.

Überall Geheimnisse

Von Sirenen, der Suche nach dem Glück und jeder Menge Skrupel

Die hügelige Straße ist so schmal, dass nur ein Auto auf einmal passieren kann. Rechts und links versperren steinerne Mauern die Aussicht auf grün changierende Gärten mit Palmen, Olivenhainen und Zypressen. Ich kreuze die Via dei Massoni – die Freimaurerstraße – und ahne, dass es nicht mehr weit sein kann. Florenz ist eine Stadt voller Geheimnisse. Ihr Schicksal wird in unendlich vielen kleinen Zirkeln besiegelt, mögen diese nun kirchlicher oder laizistischer, wirtschaftlicher oder wissenschaftlicher Natur sein. Gleich ob Lions oder Rotary, wo zwei oder drei Florentiner sich zusammenfinden, eröffnen sie einen möglichst unsichtbar im Hintergrund agierenden Club, der nach besten Kräften klüngelt. Schon Giovanni di Bicci – Vater von Pater Patriae Cosimo de' Medici – folgte dem Motto »Regieren, sich aber nicht dabei erwischen lassen«. Andere wurden vorgeschickt, unterstützt, bezahlt. Die Medici aber hatten das Sagen und das rund dreihundert Jahre lang. Es lebte sich sicherer in der zweiten Reihe.

Nur sporadisch werden die langen Mauern, die den Monte Vecchio über der Stadt bei Careggi durchziehen, von schweren, blickdichten Eingangstoren unterbrochen. Nichts deutet darauf hin, dass hinter diesen grauen, erdigen Wällen irgendetwas Interessantes stattfinden könnte. Ich bin auf der Suche nach dem Ort, an dem sich in Kürze ein »Secret Dinner«, ein geheimes Abendessen, abspielen soll. Im Zeitalter der sozialen Netzwerke wird das über Facebook verbreitet. Wer teilnehmen möchte, muss sich online bewerben und Alter, Ausbildung und Beruf angeben. Ob man auserwählt wurde, erfährt man ein paar Tage später via E-Mail. Heute gehöre ich zu den Glücklichen und darf das Essen vorab bezahlen. Nähere Informationen und die genaue Adresse des Geschehens werden dann zwölf Stunden vor dem Ereignis gesimst. Pünktlich am Morgen erhalte ich die Nachricht: »Villa Le Fontanelle in der Via Careggi 26, 20.30 Uhr.« Das muss genügen. Wer die anderen sechzig Teilnehmer des Abendessens sind, erfahre ich nicht.

Fast hätte ich den südamerikanischen Bediensteten in schwarzer Livrée übersehen, der neben einem unscheinbaren grauen Eingangstor mit drei Hausummern steht. Ich bremse und er nähert sich dem Auto: »Sie wollen zum Dinner? Bitte geradeaus, etwa dreihundert Meter, immer die Straße entlang.« Langsam öffnet sich das schwere elektrische Tor und ich fahre einen schmalen, unbefestigten Weg mehrere Schlaufen hoch wie in eine andere Welt. Jahrhundertealte – das ist hier wirklich nicht übertrieben – Zypressen, Pinien, Steineichen, Magnolien, Palmen säumen die Straße, bis ich an die Villa gelange, um die Parterres mit Rosen und Hortensien angelegt sind. Alles scheint langsamer zu atmen, als würde die Zeit sich dehnen. Florenz liegt mir zu Füßen. Die Kuppel des Doms und der Turm des Palazzo Vecchio ragen in der Ferne deutlich aus dem Hitzedunst der Stadt.

Cosimo de' Medici hat die Villa Le Fontanelle im 15. Jahrhundert dem Humanisten Marsilio Ficino überlassen, damit der in Ruhe einige Werke Platons übersetzen konnte. Die Macht und die Stadt immer im Blick, übernahm Marsilio Ficino im Auftrag der Medici hier auch die Platonische Akademie, wo die örtliche Intelligenzija über Texte aus dem Altertum, vulgärsprachliche Literatur, Astrologie und esoterische Medizin debattierte. Ficino verknüpfte dabei geschickt antike Themen mit christlichen und aktuellen Fragestellungen seiner Zeit. Wenn Ficino schlussfolgerte »*amore è desiderio di bellezza*, Liebe ist das Verlangen nach Schönheit«, kann ich ihm von meinem Standpunkt im italienischen Labyrinth-Garten vor dem Villeneingang nur zustimmen. Wie gefangen, versinkt mein Blick in einer wasserspeienden, zweischwänzigen Marmorsirene in einem kleinen Teich, die noch aus der Epoche der Renaissance stammt.

Windlichter weisen den Weg in die Villa. Am Eingang wacht eine freundliche Hostess in blauer Uniform darüber, dass niemand »a Ufo« ist. Was ausgesprochen außerirdisch klingt, meint eigentlich »Ad Usum Florentinae Operae«. Mit diesen Worten wurden in der Renaissance Baumaterialien gekennzeichnet, die für den Florentiner Dombau bestimmt waren. Für diese musste kein Wegzoll entrichtet werden. Wer sich auf eine Party schmuggelt ohne zu zahlen, tut dies bis heute »A.U.F.O.«

Der Dresscode hieß »casual chic«, was südlich der Alpen bedeutet, dass der Akzent eindeutig auf chic liegt. Abgesehen von wenigen Ausreißern sind die Gäste in den dreißigern und bestehen zu zwei Dritteln aus Frauen auf Zwölf-Zentimeter-Absätzen. Während die Gäste tuscheln, ob der Frauenüberhang daran liegen mag, dass Frauen mutiger sind, oder doch nur verzweifelter auf der Suche, reichen beflissene *camerieri* in weißen Handschuhen Martinis samt Olive und Häppchen mit karamellisierter Zwiebel und buttriger *burrata* auf frittierter *polenta*. Ein Saxofonist mit Bogart-Hut spielt jazzige Melodien, die sich in den hohen Räumen mit tiefen plüschigen Sesseln sanft verflüchtigen.

Eine geschmeidige Leopardendame in schwarzen Latexhosen und beiger Bluse plaudert aus, dass sie im provinziellen Arezzo wohnt und jeden Tag bis nach Florenz pendelt, wo sie als Chefsekretärin in einer Investmentbank arbeitet. Die blonde Botticelli-lockige Medizinerin neben ihr stammt aus Süditalien und enthüllt, dass sie trotz vieler Berufsjahre in Florenz schwer Anschluss findet. Beim Soufflé von *Pecorino*-Käse auf einer Brunoise aus Birnen und Tomätchen beginnen beide am festlich gedeckten Tisch mit dem zwischen ihnen sitzenden Herrn zu liebäugeln. Mit großen Reh- und Katzenaugen folgen sie den Worten des schon ein bisschen datierten Exemplars mit wallendem, schulterlangem Haar, das am Ansatz schütter zu werden droht. Ausführlich schildert der, wie er es kühn abgelehnt hat, das Unternehmen seines Vaters weiterzuführen, um stattdessen seiner Berufung zu folgen und freiberuflicher Dichter und Schriftsteller zu werden. Leider kann er bis jetzt nicht vom Schreiben leben, aber »*conta la passione*, was zählt, ist die Leidenschaft«, strahlt er abwechselnd nach rechts und links.

Auch Marsilio Ficino und den Platonischen Akademikern der Renaissance war das Streben nach Glück – nach *felicità* – nicht fremd. Für ihn stand der Mensch als »copula mundi« zwischen dem Göttlichen und dem Irdischen, dem es selbst überlassen blieb, ob er nach Höherem streben oder sich in den Niederungen verlieren wollte. Bei *cappellacci* mit gelber Kürbisfüllung und Schwarzkohl-*Pesto* neigt sich die Waage an unserem Tisch im flackernden Schein der Kerzen immer entschiedener den irdischen Genüssen zu.

Als der *secondo*, der italienische Hauptgang, mit Wildschweinragout, Wacholderbeeren und Kartoffeln im Blätterteigmantel aufgetragen wird, sieht die Leopardendame langsam ihre Felle davonschwimmen, da der Dichter unablässig mit der Botticelli-Blonden philosophiert. Mit einer beiläufigen Bewegung lässt die Latexlady daraufhin ihre Serviette zu Boden gleiten, beugt sich unter den Tisch und als sie wieder auftaucht, sind zwei Knöpfe ihrer Bluse wie durch Magie aufgesprungen, sodass ihr üppiges Dekolleté nunmehr ungehemmt hervorquillt. Angesichts dieser Argumente beendet der Dichter abrupt sämtliche Reflexionen und konzentriert sich enthusiastisch auf die unerwarteten neuen Horizonte. Ich beschließe kurz Luft zu schnappen und gehe vor die Villa die kleine Sirene besuchen, die im

Dunkel der Nacht marmorweiß leuchtet und noch immer Wasser spuckt. Hinter der Statue in ihrem eingezäunten Teich leuchten in der Ferne die Lichter die Stadt und über mir die Sterne am wolkenlosen Firmament. In der großen, nur vom leisen Plätschern des Wassers unterbrochenen Stille ergreift mich eine sanfte Melancholie.

Marsilio Ficino hat sich nicht damit begnügt, die antiken philosophischen Schriften zu übersetzen und zu kommentieren. Den Sohn eines Arztes interessierten auch nicht alltägliche Disziplinen wie Astrologie, Magie und esoterische Medizin. Bereits im Jahr 1462 hatte ihm Cosimo de' Medici die gerade eben wiedergefundenen antiken Schriften des »Corpus hermeticum« des sogenannten Hermes Trismegistus zugesteckt, damit er sie übersetzen konnte. Es hieß, diese philosophischen, astrologischen, magischen und alchemistischen Aufzeichnungen gingen auf eine Verschmelzung des Wissens des griechischen Gottes Hermes mit jenem des ägyptischen Gottes Toth zurück. Sie machten einen tiefen Eindruck auf Ficino und seine Zeit. Selbstredend sollten derartige Geheimnisse nur einigen wenigen Auserwählten vorbehalten bleiben und waren keinesfalls für den einfachen Mann von der Straße bestimmt.

Die Medici studierten und beschäftigten sich über viele Generationen hinweg mit Zaubereien und esoterischen Disziplinen. Francesco I. richtete sich im 16. Jahrhundert mitten im Palazzo Vecchio zwischen seinem Schlafzimmer und dem repräsentativen Salone dei Cinquecento ein geheimes Studierzimmer ein, wo er magische Steine, Elixiere und Substanzen aufbewahrte. Während Francesco seine Eltern in Herrscherpose an den beiden Zimmerenden porträtieren ließ, verewigte er sich selbst in Giovanni Stradanos Bild »Das Alchemie-Laboratorium« als hemdsärmeligen Handwerker, wie er übers Feuer gebeugt eine Flüssigkeit erhitzt.

Zurück in der Villa erwarten mich als Dessert bereits schneeweiße Montblanc-Bällchen aus Kastanien, Kakao und Rum, garniert mit *trentatre scrupoli*, einer mit Olivenöl *extravergine* verfeinerten Schokocreme. In der Renaissance war das Skrupel eine winzige Maßeinheit und wog ungefähr 1,25 Gramm. In der Zwischenzeit haben sich der Dichter, die Leopardendame und die Botticelli-Lockige arrangiert, alle Skrupel vor die Tür gesetzt und beschlossen, gemeinsam weiterzuziehen, denn die Nacht ist noch jung. Sie wollen ins »Rasputin«, in die erste geheime Bar von Florenz. Geheim deshalb, weil die genaue Adresse ausschließlich mündlich von einem Eingeweihten an den nächsten weitergegeben werden soll. Nur so viel: Das Lokal befindet sich »irgendwo auf der Rückseite der Piazza Santo Spirito«. Läutet man beim Namensschild »Rasputin«, öffnet sich mit etwas Glück die Tür und man wird hinuntergeleitet ins von Kerzen andeutungsvoll beflackerte Halbdunkel. Für mich sind das ausreichend viele Geheimnisse für einen Abend und ich schließe mich deshalb Marsilio Ficino an: »Ich weiß in diesen Zeiten sozusagen gar nicht, was ich will, vielleicht will ich gar nicht, was ich weiß und will, was ich nicht weiß.«

Harte Jungs und weiche Knie

Eine Partie Calcio Storico Fiorentino an einem Freitag, dem Siebzehnten

Eine *pizzeria* in einer beschaulichen Satellitengemeinde irgendwo im Süden der Città Metropolitana Florenz. Holztische und bunt bemalte Stühle auf Terrakotta-Fliesen, im offenen Holzofen glimmen die Scheite, an den Wänden stimmungsvolle Fotografien der nächtlichen *piazza*. Im ummauerten Geviert des Ofens steht Enrico und walkt, belegt und balanciert die *pizze* mit sicherer Hand in den heißen Schlund. Auch was die *pizza* angeht, haben die Florentiner eine andere Meinung als der Rest des Stiefels. In Florenz wird der Teig hauchdünn serviert, anstatt wie in Neapel zügellos in alle Richtungen zu quellen. Ein gewöhnlicher Tag, eine gewöhnliche *pizzeria*. Von den Gästen, die an diesem frühen Abend im Lokal sitzen, wissen die wenigsten von Enricos Doppelleben.

Er sieht ein bisschen aus wie der Wrestler Hulk Hogan, Glatze, grau-weißer Biker-Moustache, Piratenohrring im linken Ohr, das einfache weiße T-Shirt spannt über den Muskeln an Nacken und Oberarmen. Neben mir steht Gabriele, der mich in die *pizzeria* begleitet hat. Ebenfalls glatzköpfig, muskelbepackt und mit schwarzem, kurz getrimmten Vollbart, begrüßt er Enrico überschwänglich, die Fäuste berühren sich zum Ghettogruß. Gabriele ist – man ahnt es schon – wie im Übrigen auch Andrea, Luca und Simone – im Italienischen ein Jungenname. Sofort reden die beiden aufgeregt wie kleine Kinder über ihr Lieblingsthema. Morgen ist es wieder so weit, endlich! Eine Testosteronwolke schwebt durch den Raum, unbemerkt von den umsitzenden Gästen.

Freitag, der 17. Februar. Es ist so kühl, dass ich die Hände in den Manteltaschen vergrabe. Am Himmel über der Piazza Santa Croce drohen schwarze Wolken mit einem kalten Guss. Wie wohl das Wetter am gleichen Tag im Jahr 1530 war, als die feindlichen Truppen Kaiser Karls V. in Sichtweite vor den Toren von Florenz lagen? Wieder einmal hatten die Florentiner die Medici vertrieben, was dem Papst gar nicht gefiel. Sieben Tage später wird Papst Clemens VII. seinen mächtigsten Verbündeten, Karl V., in Bologna zum Kaiser des Heiligen Römischen Reiches krönen. Doch die Florentiner hatten nicht die Absicht, klein beizugeben, und um den Feind zu foppen, trugen die beiden Mannschaften der »Weißen« aus dem Viertel Santo Spirito gegen die »Grünen« von San Giovanni eine legendäre Partie des Calcio Fiorentino aus, der an diesem Tag wahrhaft *storico* – zum historischen Ereignis – wurde. Die Gewinnermannschaft bekam ein Kalb, in Kriegszeiten eine besonders willkommene Trophäe. Die Florentiner boten Karl V. noch bis August 1530 die Stirn und unterzeichneten dann eine akzeptable Friedensvereinbarung. Die Medici kehrten zurück, aber Florenz blieb mit seinem Einflussbereich ein relativ unabhängiger Fleck auf der Landkarte des Heiligen Römischen Reiches.

Das Fußballspiel war schon bei den Römern als Harpastum bekannt, auch wenn es eher dem heutigen Rugby ähnelte als dem, was wir unter Fußball verstehen. Beim Calcio Storico Fiorentino darf der Ball mit allen Körperteilen erkämpft, befördert und ins Tor bugsiert werden, das hier *caccia*, Jagd, heißt. Die *caccia* besteht aus einem meterhohen roten Band, das über die gesamte kurze Feldseite gespannt ist. Nur wer unter das Band trifft, bekommt einen Punkt. Wer darüber hinwegschießt, schenkt der gegnerischen Mannschaft unter höhnischem Geheul der Zuschauer einen halben Punkt. Der Gegner darf nicht nur, er soll physisch angegangen werden. Alle siebenundzwanzig Teilnehmer pro Mannschaft boxen, machen Kampfsportarten oder stemmen Gewichte.

Enrico trainiert das Jahr über dreimal, in den letzten Wochen vor der Partie bis zu fünfmal pro Woche für seinen fünfzigminütigen Auftritt. Und dabei ist das Spiel heute ein Weichspülprogramm für *vecchie glorie*, eine eher theatralische als agonistische Erinnerung an die Ereignisse des Jahres 1530, ausgetragen von Veteranen jenseits der vierzig, die noch einmal die Emotionen auf der sandbedeckten *piazza* durchleben möchten. Wenn beim jährlichen Turnier im Juni die vier Stadtteile von Florenz – die »Weißen« und die »Grünen«, sowie die »Blauen« von Santa Croce und die »Roten« von Santa Maria Novella – aufeinandertreffen, dann erst geht es richtig zur Sache, denn an diesem Turnier nehmen durchtrainierte junge Sportler teil. Die Außentemperaturen von manchmal über dreißig Grad sind dann gar nichts im Vergleich zum kochenden Blut der Muskelpakete auf dem Platz, die einander – angefeuert vom ganzen Viertel – nichts schenken.

Heute sehe ich zum ersten Mal die schweren Tore der Kirche Santa Croce offen stehen. Die Menge strömt den Spielern, Flaggenschwenkern, Trommlern, Trompetern und Statisten in Kostümen hinterher und erlebt die Weite des Raums einmal nicht in der opaken Beleuchtung durch die engen gotischen Fenster und kleinen Scheinwerferspots, sondern im dramatisch flackernden Spiel zwischen Sonne und Gewitterwolken. Neben der Kirche steht, mit gewohnt finsterer Miene, die Statue Dante Alighieris, ein Adler linst hinter dem linkem Fuß des *sommo poeta* hervor. Der Adler wird, neben jeder Menge anderer Bedeutungen, als Gerechtigkeitssymbol gehandelt, wie Dante in der »Göttlichen Komödie« anmahnt: »Diligite iustitiam qui iudicatis terram. Haltet die Gerechtigkeit wert, die ihr über die Erde herrscht.« Italien fand ab 1861 langsam zur nationalen Einheit, die Dante-Statue vor Santa Croce stellte der Bildhauer und Freimaurer Enrico Pazzi 1865 fertig.

Ein paar Hundert Zuschauer – Einheimische und Touristen – haben sich mittlerweile eingefunden und warten gespannt hinter den Absperrgittern. An den geöffneten Fenstern der umliegenden Häuser drängen sich die Gesichter der Privilegierten auf ihren Logenplätzen. Am Palazzo dell'Antella markiert ein Marmorkreis aus dem Jahr 1565 die Trennlinie für das Spielfeld der beiden Fußballmannschaften. Die Leidenschaft fürs Fußballspiel war in der Stadt allerdings nicht ungeteilt, wie einige historische Verbotstafeln an den Häuserwänden, wie zum Beispiel vor Dantes Geburtshaus oder an der Piazza del Giglio aus dem Jahr 1742 belegen. Die Gäste des heutigen Viersternehotels »Brunelleschi«, dessen Turm Torre della Pagliazza eines der ältesten Gebäude der Stadt ist und direkt an der *piazza* liegt, wären wahrscheinlich auch nicht begeistert über lärmende, bolzende Kinder und Jugendliche.

Gabrieles Stimmung ist heute etwas gedrückt. Man hat ihn, obwohl er sechs Jahre lang in der Kampfmannschaft spielte, nicht aufgestellt, und so bleibt ihm nichts anderes übrig, als seinen Freunden beim Spiel zuzusehen: »Typisch Freitag, der Siebzehnte«, murmelt er und ich habe den Eindruck, er kämpft mit den Tränen. In Italien gilt Freitag, der Siebzehnte, als Tag, der *sfiga*, Unglück, beschert. »Das Schlimmste ist, nicht dabeisein zu können, um der Mannschaft zu helfen.« Schnell dreht er sich weg und erkämpft für uns beide einen Platz in der ersten Reihe, direkt hinter der *caccia*.

Neben uns richtet sich eine Gruppe Englisch sprechender Studenten ein. Vielleicht machen sie ein Auslandssemester in einem der vielen amerikanischen Colleges, die sich über Florenz und die angrenzenden Hügel verteilen. Bierflaschen in der Hand, sehen sie genau wie ich zum ersten Mal eine Partie. »Cool«, tönt einer, endlich mal ein Fußballspiel, bei dem alles erlaubt ist. Ein kleiner Rülpser in Richtung der anderen unterstreicht die Worte des schmächtigen Jünglings, der mit ein paar Karate- und Box-Gesten bei seinen Freunden Eindruck zu schinden versucht. Zwei Frauen kichern zappelig vor Aufregung. Dann laufen die Kostümierten unter Trompetenfanfaren und Trommelwirbel aufs Spielfeld, dahinter die Spieler, die eine Runde um den Platz drehen. »Beim Turnier im Juni«, klärt Gabriele mich auf, »bekommt jeder Spieler eine Nelke in die Hand gedrückt, die er dann seiner Auserwählten zuwerfen kann.« Klingt ritterlich, aber ob das Spiel auch so wird? Die Spannung in der Luft nimmt zu, in der Ferne grummeln erste Donner.

»Die letzten Minuten vor dem Spiel sind nervenaufreibend,« flüstert Gabriele. »Innerlich zittert man vor Angst. Angst vor den Schlägen des Gegners, Angst vor dem Versagen, Angst, zum Gespött zu werden.« Dann spricht der *magnifico messere* – die historische Florentiner Antwort auf das neudeutsche »Testimonial« – die letzten aufmunternden Worte. Der Fußballer Luca Toni, Fotograf Aldo Fallai oder Schauspieler Pierfrancesco Favino hatten in den vergangenen Jahren bereits die Ehre. Beim trockenen Knall einer Handkanone wird der Ball wie beim Basketball hoch in die Luft geworfen. Etliche lange Kerle schnellen erstaunlich wendig in die Luft und versuchen den Ball zu ihren Leuten zu schlagen. Im Mittelfeld balgen sich etliche Spieler wie Sumoringer und reißen einander die T-Shirts vom Leib, die *innanzi*, Angreifer, machen Druck nach vorne, drei bis vier Torwarte verteidigen die Torlinie. Alles zieht und zerrt, haut und stellt ein

Bein. *Forza!* Jetzt gilt es, alles zu geben. Wie so vieles sollen sich die Römer die Gladiatorenspiele von den Etruskern abgeschaut haben. Das Etrusker-Gen haben die Jungs hier bestimmt geerbt. Die Amerikanerinnen hinter mir beginnen zu kreischen. Das ganze Jahr über trainieren die erfahrenen Spieler der *vecchie glorie* zusammen mit dem Nachwuchs in den Box- und Fitnesshallen der verschiedenen Stadtviertel, um der jungen Generation vor allem sportliches Verhalten und die Ideale des Spiels einzuimpfen: nicht kneifen, an die Mannschaft denken und sich Respekt verschaffen. Und alle Aggressionen auf dem Spielfeld lassen und nicht mit nach Hause nehmen.

Gabriele brüllt schweißgebadet: »Enrico, pass auf, hinter dir!« Schon meine ich, er will übers Gitter springen und auf den Platz stürmen. Direkt vor uns sinkt ein Hundertzwanzig-Kilo-Stier in den hart gestampften Sand. Vier oder fünf Muskelprotze werfen sich auf ihn und ich fürchte insgeheim, der Unterste geht nur mehr als Trockenblume aus der Begegnung hervor. Als das Knäuel aus Gliedmaßen sich langsam entwirrt und der Stier wieder auftaucht, blutet er heftig am Ohr. »Huuuh!«, kommentieren die Amerikanerinnen ekstatisch. Die Wolken haben sich nun verzogen, aber auch wenn es regnen würde, die Massen würden nichts davon mitkriegen. »*Caccia!*« – Ein Tor ist gefallen. Die Kanone donnert wieder. Nach dem Treffer werden die Seiten gewechselt.

Wie Wellen im Sturm wogen die Spieler hin und her. Jeder Meter wird umkämpft und ich kann mir vorstellen, wie erst das »richtige« Turnier im Sommer mit jungen Athleten in Hochform die Zuschauer mitreißen wird. Fünfzig Minuten ohne Pause sind eine lange Zeit, wenn man sich prügelt. Die Amerikaner sind ruhiger geworden und haben die Bierflaschen abgesetzt: »Wow«, sagt der magere Jüngling bewundernd und ein bisschen kleinlaut und schießt ein Selfie mit den Spielern im Hintergrund. Von etlichen Medici, wie dem Sohn von Lorenzo, »dem Prächtigen«, oder Herzog Alessandro ist überliefert, dass sie *calcianti*, Spieler, waren, ebenso wie von den Päpsten Clemens VII., Leo XI. und Urban VIII. Heute rekrutieren sich die Mannschaften quer durch alle gesellschaftlichen Schichten aus Türstehern, Unternehmern, Steuerberatern und Arbeitern vom Gemüsemarkt in Novoli.

Als die Kanone wieder donnert, ist das Spiel vorbei. Die Sieger von Santo Spirito fallen einander in die Arme und anschließend auch den knapp unterlegenen »Grünen«. Enrico löst sich aus der feiernden Gruppe und kommt zu uns herüber, als er plötzlich einen schwer gehbehinderten jungen Mann sieht, der ihm unter Tränen zuruft: »*Sei un mito!* Du bist eine Legende!« Enrico geht zu dem jungen Mann, gibt ein Autogramm und die beiden scherzen wie beste Freunde. Unter Trommelwirbel und Beifall beginnen die Sieger ihre Ehrenrunde um den Platz zu drehen und der junge Mann fordert Enrico auf: »Geh zu ihnen und lass dich feiern.« Doch der schüttelt den Kopf, umarmt den anderen und sagt: »Ich bleibe hier, das ist mir wichtiger.« In diesem Augenblick öffnen sich doch noch die Schleusen des Himmels und es beginnt zu regnen.

Bauer aus Versehen

Warum toskanisches Brot ungesalzen ist und eine Fliege die Olivenernte bedroht

Mit knapp über dreihundertachtzigtausend Einwohnern ist Florenz eine handliche Stadt – *a misura d'uomo,* wie die Italiener sagen. Einer ihrer unbestreitbaren Vorzüge ist, dass man in fünfzehn Autominuten aus der Innenstadt ins weinberggespickte Chiantigebiet entfliehen kann, oder nach Norden ins wildgebirgige Mugello oder auch ins Valdarno mit seinen Sandsteinfelsen, die einem Grand Canyon in Miniatur gleichen und von Leonardo da Vinci im Hintergrund der »Gioconda«, die im Italienischen auch »Monna Lisa« genannt wird, verewigt wurden. Eine der kleinen, mit der Hauptstadt der Region Toskana verwachsenen Gemeinden im Süden ist Bagno a Ripoli.

Andreas wache Augen strahlen Herzlichkeit aus. Der Henriquatre-Bart lässt ihn sanft, romantisch und zugleich smart wirken. Er ist überall, hilft den beiden rotwangigen Angestellten Lucio und Eugenio, ein Problem am Traktor zu begutachten, schleppt Kisten mit neu konfektionierter Schokocreme mit Olivenöl und überwacht die Produktion von duftenden, leichten Dinkelwaffeln. Zusammen mit der Familie der Architektin Bettina Legler und zwei weiteren Freunden bot der Steuerberater 2007 bei einer Auktion um die langsam verfallende Villa Monna Giovannella aus dem 18. Jahrhundert mit. Es sollte eine Wertanlage sein und vielleicht einmal ein Hotel werden. Die Freunde bekamen den Zuschlag und die gute Frau – *monna* war früher eine Kurzform für *madonna* und höfliche Anrede für *signora* – war die ihre. Die Villa hatte der einflussreichen Florentiner Familie der Peruzzi gehört, noch vor dem Aufstieg der Medici eine der reichsten Familien Europas. Während die Medici sechs Kugeln – manche sagen, es seien Moneten – im Wappen trugen, waren die Peruzzi konkreter und wählten sechs Birnen. Das hätte Andrea und Bettina eine Warnung sein können.

In den ersten beiden Jahren nach dem Erwerb des Anwesens nahmen weder Andrea noch Bettina bewusst wahr, dass auf der gegenüberliegenden Straßenseite, halb verdeckt vom nächsten Hügel, auch noch eine *fattoria* und fünfzig Hektar verwahrloster Olivenhaine und brachliegender Äcker zur neu erworbenen Villa gehörten. In dem einigermaßen vernachlässigten Gehöft war bis dahin der Studienzweig für Landwirtschaft der Florentiner Universität untergebracht gewesen. Die Uniprofessoren brachten die beiden schließlich auf die Idee, anstatt der herkömmlichen Getreidesorten alte und fast vergessene lokale Arten wie Verna, Frassineto und Sieve sowie Einkorn und Zweikorn anzubauen. Letztere fand man in Etruskergräbern als Beigaben und auf Wandgemälden, sie wurden also schon seit Jahrtausenden verwendet. An den Gemälden ist ebenfalls abzulesen, dass die Frauen bei den Etruskern am Gastmahl teilnahmen, also mitreden durften.

Bettinas Familie stammt aus dem Schweizer Glarus und wanderte vor drei Generationen nach Norditalien aus, um Baumwolle anzupflanzen. Im Norden Italiens siedelten sich im 19. Jahrhundert viele Industrien an, im touristenverwöhnten Florenz florierte dagegen vor allem die Hotel- und Gaststättenbranche. Hotels wie das »Excelsior«, das »Kraft« oder das »Caffè Gilli« an der Piazza della Repubblica – wo einst schon die Römer ihr Forum angelegt hatten – wurden von Schweizern gegründet. Während des Architekturstudiums blieb Bettina dann an ihrem Mann in Florenz hängen. Kurze, ungefärbte graue Haare unterstreichen ihr energisches, burschikoses Auftreten. Sie habe keine Scheu, sich die Finger schmutzig zu machen, lacht sie: »Ich habe das Landleben seit jeher geliebt, war immer die *mamma,* die den Kindern selbst gemachte Kuchen und Brote in die Schule mitgegeben hat, anstatt im Supermarkt *merendine,* Naschereien, zu kaufen, und lasse mich auch gern auf Neues ein. Deshalb haben die anderen mich dazu verdonnert, den Kurs für selbständige Landwirte zu machen, damit das Unternehmen starten konnte.«

Für alle war von Anfang an klar, dass sie eine ökologisch orientierte Landwirtschaft aufziehen wollten, was allerdings bedeutete, dass die Junglandwirte in vielen Bereichen umdenken mussten. Die so typische toskanische Landschaft wie wir sie heute sehen, mit Zypressenalleen, Trockenmauern entlang der Straßen und in Terrassen angelegten Olivenhainen, genau wie die charakteristischen *leopoldine*, Bauernhäuser mit den Taubentürmchen, all das ist zu einem guten Teil dem aufgeklärten Großherzog Peter Leopold – Italienisch Pietro Leopoldo – von Habsburg-Lothringen zu verdanken. Die Landwirtschaft war ihm das dringlichste Anliegen und blieb während der gesamten Regentschaft mit das wichtigste Betätigungsfeld. Ein Jahr vor seinem Amtsantritt 1765 beutelte eine letzte entsetzliche Hungersnot die Toskana. Die verzweifelte Landbevölkerung flutete in die Städte auf der Suche nach Essbarem. Pietro Leopoldo beschloss, dass die Landwirtschaft zuallererst reformiert werden musste. Die Bauern sollten mehr Früchte ihrer Mühen ernten können, der Markt wurde liberalisiert, Regelungen homogenisiert. Das Großherzogtum ging mit gutem Beispiel voran und zahlte zum ersten Mal selbst Steuern. Danach schaffte der »eigensinnige junge Herr Doktor« im Großherzogtum 1786 als weltweit erstes Land die Todesstrafe ab, trieb die Alphabetisierung der Bevölkerung voran, öffnete private Sammlungen für jedermann, gründete wissenschaftliche Akademien, wie die auf Landwirtschaft spezialisierte Accademia dei Georgofili und handelte immer nach dem Grundsatz: »*Conoscere per provvedere*«, zuerst kennenlernen, dann handeln.

Die landwirtschaftlichen Anfänger Andrea und Bettina machen es genauso, suchen Rat bei Experten der verschiedensten Sektoren. Viele lassen sich von ihrem Enthusiasmus anstecken, auch weil sie sehen, dass die beiden es ernst meinen in ihrem

Bemühen um Qualität. Die Fattoria Monna Giovannella führt auf den Feldern die Dreijahresrotation wieder ein. Im ersten Jahr wird Getreide angebaut, im zweiten Hülsenfrüchte wie Kichererbsen, Bohnen, Linsen, dann liegt das Feld ein Jahr brach, um sich wieder zu erholen. Die Slow-Food-Bewegung unterstützt die Jungunternehmer. Aus Beratern werden schließlich Freunde und Partner. Der erste Abnehmer für das Mehl aus antikem Getreide ist der Teigwarenspezialist Giovanni Fabbri aus dem Chianti, dessen Familie seit 1893 *pasta* herstellt. Einige örtliche Bäckereien und *pizzerie* gewinnen neue Kunden dank der kräftigen Geschmacksnote und Bekömmlichkeit des wiederentdeckten Traditionsprodukts. Der schnelle Erfolg war so nicht vorhersehbar und hat auch Bettina und Andrea überrascht, denn besonders in Sachen Brot sind die Toskaner stur und empfindlich und stehen Neuerungen nicht sehr aufgeschlossen gegenüber. Brot wird in großen Mengen verzehrt und im *ristorante* darf der Brotkorb, der auf der Speisekarte im *coperto* inbegriffen ist, auf keinem Tisch fehlen.

Während deutsche Touristen immer über das ungesalzene toskanische Brot jammern, konnte Dante Alighieri sich umgekehrt im Exil nicht ans salzige Brot gewöhnen und schrieb sich den Frust im siebzehnten Gesang des Paradieses seiner »Göttlichen Komödie« von der Seele: »*Tu proverai sì come sa di sale lo pane altrui.* Wie fremdes Brot gar scharf versalzen schmeckt.« Der Brauch des ungesalzenen Brotes soll entstanden sein, als Pisa die Salzsteuern drastisch erhöhte und die Florentiner daraufhin bockig beschlossen, sich nicht erpressen zu lassen und seitdem das Brot *sciocco*, ungesalzen, produzieren. Eine andere Theorie spinnt den Faden, dass ungesalzenes Brot die würzigen toskanischen Beilagen – Salami, Schinken, Käse, die typischen Eintöpfe und Suppen wie *ribollita, pappa al pomodoro* oder im Sommer die *panzanella* – besonders gut zur Geltung bringe.

Seit der Abschaffung der *mezzadria*, der Halbpacht, nach dem Zweiten Weltkrieg, hat die Toskana mit der Landflucht zu kämpfen, auch wenn der Trend der letzten Jahrzehnte mittlerweile gestoppt scheint und es vor allem junge Leute zurück zu ihren Wurzeln zieht. Vor einigen Jahren noch verspottete man die *biologici* als versponnen, doch versuchen mittlerweile immer mehr Landwirte, nachhaltig und möglichst umweltschonend, ohne Einsatz von chemisch-synthetischen Pflanzenschutzmitteln, Kunstdünger und Klärschlamm zu produzieren. Also alles in Butter?

Bettina hilft Andrea dabei, die Flaschen mit dem aus Verna frisch gebrauten Bier in die einfachen Holzregale zu sortieren. In Italien hat der Bierkonsum in den letzten Jahren stetig zugelegt, gerade bei der jungen Generation. Doch nicht alle Produkte des Sortiments sind sofort ein Renner, immer wieder hat das junge Unternehmen Lehrgeld zahlen müssen oder die Natur machte einen Strich durch die Rechnung. Später Frost oder schwere Regenfälle und Hagel führen zu erheblichen Ernteschäden, den Rehen schmecken die Bohnen, und obwohl die Wildschweine Letztere nicht fressen, verwüsten sie doch die Felder. Zum größten Sorgenkind gerät ausgerechnet das Prestigeprodukt, das biologische native Olivenöl. Das Produkt ist arbeits- und kostenintensiv, die Olivenbäume müssen beschnitten, gedüngt und von Hand geerntet werden. Die Früchte der Sorten Frantoio, Leccino, Moraiolo, Maurino, Pendolino werden dann noch am selben Tag zu Öl vermahlen.

Seit etlichen Jahren ändert sich auch in der Toskana das Klima. Sowohl die milden und nassen Winter als auch die nicht übermäßig heißen Sommer machen der Landwirtschaft zu schaffen, denn sie begünstigen das Gedeihen der *mosca,* der Fliege. Allein schon der hinter hohler Hand geraunte Name löst bei den toskanischen Kleinbauern entsetztes Schaudern aus. Die kleine Fliege Bactrocera oleae legt ihre Eier in den heranwachsenden Oliven ab, die Larven gedeihen im Innern, hinterlassen in der Frucht eine schwarze matschige Spur der Verwüstung und schlüpfen nach getanem Werk. Die Olive ist damit erledigt und fällt unbrauchbar vom Baum. Noch hat man kein wirkliches Gegenmittel gegen den Schädling gefunden. Auf chemische Keulen wie den Insektenvernichter Dimethoat verzichtet man bei Monna Giovannella selbstredend, überwacht täglich, ob sich die Fliegen vermehren, und versprüht im Ernstfall beizeiten unschädliches, leicht abwaschbares Kaolinpulver auf die Pflanzen, das die Insekten fernhält. Im Übrigen hofft man auf den Beistand des wendischen etruskischen Wettergotts Voltumna. Vorausgesetzt das Klima spielt mit, können sich die Resultate der Ölproduktion sehen lassen, wie Auszeichnungen bei internationalen Olivenölwettbewerben, wie dem New Yorker »World's Best Olive Oils«, der Wein- und Olivenölbibel »Merum« und der israelischen »Terraolivo« belegen.

Die wahre Herausforderung liegt für Bettina und Andrea nicht allein in der Erzeugung ihrer Qualitätsprodukte, für die sie leidenschaftlich und mittlerweile auch stolz auf das Erreichte eintreten, sondern in deren Vermarktung. Doch die beiden lassen sich angesichts multinationaler Konzerne und globaler Märkte nicht aus der Ruhe bringen, so Bettina: »Die Freundin meines Sohnes hat Kontakte nach Amerika, meine Tochter lebt in London und hilft uns dort, die Produkte in die Verkaufsregale zu bringen. Man braucht eben eine große Familie, viele Freunde und zufriedene Kunden. Dann wird das schon.« Und Andrea setzt augenzwinkernd mit Florentiner Verve hinzu: »*Duro te? Duro io!* Bist du hart im Nehmen? Ich erst recht!« Mit diesen Worten greift er zur nächsten Kiste und räumt sie ins Regal. Und was wird aus der Renovierung der Villa? Bettina und Andrea schauen einander einen Augenblick übereinstimmend an: »Die wird noch warten müssen. Jetzt sind wir erst mal Bauern – und das gern.«

Ein Adler vor der Tür

Was für einen Modezaren Luxus bedeutet

Als ich klingle, öffnet sich die schwere Tür wie von selbst und eine elegant uniformierte Blondine schenkt mir ein freundliches »*Benvenuta!*« Groß ist der durch Säulen und Rundbögen rhythmisch gegliederte Raum und sehr gut ausgeleuchtet, an der hohen Decke eine Jugendstil-Glasdeko und an der Wand ein mythologisch entrücktes, lichtgeflutetes Strandgemälde von Giovanni Colacicchi. Eingangs krallt eine mehr als mannshohe Königsadler-Plastik die goldfarbenen Fänge in einen Ast und fixiert mich. Erst nach einem kurzen Moment gelingt es mir, das Auge auf die sorgsam gereihten blau und grau schattierten Anzüge in den Kleiderschränken aus kalifornischem Nussbaumwurzelholz zu lenken. Ich bin im Mekka des Luxus für Männermode, im Geschäft von Stefano Ricci in der Via de' Pescioni, der Straße der großen Fische, zwischen der Piazza della Repubblica und der noblen Flaniermeile Via Tornabuoni, und doch dem Chaos der wuselnden Massen entzogen. In die Straße, die früher Via delle Stelle, Sternenstraße hieß, verirrt sich nur, wer es sich leisten kann zu träumen.

Seit 1972 entwirft Stefano Ricci zuerst Krawatten, dann Hemden und Anzüge und schließlich Brillen, Gürtel, Taschen und weitere Accessoires für Ihn, immer nach dem Motto: feinste Seiden und Stoffe, beste Handarbeit, immer den Kunden zugewandt. Seine Entwürfe wirken weder überkandidelt noch aufdringlich modisch, dafür sind die Materialien stets vom Edelsten und Seltensten, wie die orangefarbenen Krokosessel belegen. »Die Krokodile werden gezüchtet«, beeilt sich die freundliche Blondine hinzuzusetzen. Im Paradies der Superreichen scheint »Moral immer die letzte Zuflucht von Leuten, die die Schönheit nicht begreifen«, wie schon Oscar Wilde sagte. Mehr als alles andere charakterisiert Stefano Ricci jedoch das Auge fürs Detail, mag es noch so nebensächlich scheinen. Über den Auslagen mit Anzügen stehen Schalen mit glänzenden grünen Äpfeln. Das Obst wird je nach Saison ausgetauscht, manchmal sind es Orangen, dann wieder Birnen, immer frisch vom Markt. Zitronenbäume in den vier Ecken des Raumes verleihen ein mediterranes Flair. Die Natur ist die größte Inspirationsquelle für Stefano Ricci. Und seine Geburtsstadt Florenz.

»Wer in Florenz aufwächst, ist für den Rest der Welt verdorben. Es ist ein Geschenk des Himmels, die anmutige Anspannung von Michelangelos David, die ebenmäßigen Proportionen der Steinquader am Palazzo Strozzi und die Verspieltheit der Buontalenti-Grotte jeden Tag vor Augen zu haben. Da muss man ja kreativ werden.« Stefano Ricci begrüßt mich in seinem Siebzig-Quadratmeter-Büro im obersten Stockwerk der Fabrik an der Via Faentina galant mit Handkuss. Die Firmenzentrale liegt etwas außerhalb der Stadt, von hier ist man schnell im Zentrum, genauso schnell aber auch im grünen Erholungsgebiet des Mugello. Im ausgehenden Mittelalter soll es, laut einiger Quellen, die Dynastie der Medici aus dem Mugello nach Florenz gezogen haben, wo sie die Verarbeitung und den Handel mit Stoffen vorantrieben und Geld verliehen.

Das Fabrikgebäude mit den Lettern »Stefano Ricci« duckt sich flach und dunkelgrün unterhalb der Straße und strahlt Ruhe und Autorität aus. Vor dem unprätentiösen Industriegebäude wacht wieder der Königsadler als Maskottchen. Im Inneren weicht die moderne Funktionalität jedoch sofort weichen, sinnlichen Farben und einer warmen, definierenden Beleuchtung. An den Wänden wechseln sich Streifen rauen römischen Travertins mit glatten Elementen ab. Der Kontrast hebt die Vorzüge der jeweils anderen Eigenschaft nur noch deutlicher hervor. »*Buongiorno*«, lächelt die Empfangsdame und nach wenigen Minuten erscheint eine elegante, mehrsprachige Fee, die mich in die höheren Sphären geleitet.

Die Wände zwischen den einzelnen Büros in der Chefetage im obersten Stockwerk bestehen aus blank geputzten Glasscheiben. So sieht der mit dem begehrten Orden »Cavaliere del lavoro« ausgezeichnete Stefano Ricci immer, was die Mitarbeiter drei Zimmer weiter treiben – umgekehrt gilt das allerdings auch. Junge Männer in perfekt sitzenden Nadel- oder Kreidestreifenanzügen konversieren geschäftig, freundliche Sekretärinnen schweben auf leisen Sohlen vorbei. Stefano Riccis schlanke blonde Frau Claudia drückt mir aufmerksam die Hand. Ich nehme auf dem weichen Stuhl vor dem Schreibtisch Platz, der mich sofort kleiner wirken lässt. Runde Holzrahmen mit Jagdtrophäen von Wildschweinen reihen sich ringsum und erinnern irgendwie an die rundgefassten Della-Robbia-Putten aus Terrakotta an der Fassade der Santissima Annunziata. Jede Zeit ziert sich mit dem, was sie für Werte hält.

Mit grau meliertem Vollbart und vollem, aus der Stirn nach hinten gekämmten Haar sieht Ricci aus wie ein jüngerer Zwillingsbruder von Karl Marx. Nur dass er anstatt »Das Kapital« vielleicht besser »Das Kapitol« schreiben könnte, denn auf dem römischen Hügel lag in der Antike das Zentrum der religiösen und politischen Macht des Imperium Romanum, aus dessen Symbolfundus – siehe Adler – sich Ricci eifrig bedient. Wo die Mächtigen und Reichen der Welt sind, ist der Florentiner Modeschöpfer nicht weit. Russischen Oligarchen gefallen seine Kreationen ebenso wie amerikanischen Selfmade-Unternehmern. Nelson Mandela besaß etliche von ihm designte Hemden. Sogar Angela Merkel wurde schon mit Stefano-Ricci-Einkaufstüte in Berlin Mitte gesichtet. Was allerdings in der Tüte war, bleibt ihr Geheimnis. Die Krawatten beginnen bei zweihundert Euro aufwärts, Anzüge können schon einmal so viel kosten wie ein Mittelklassewagen.

Wenn er nachdenkt, knetet Stefano Ricci mit den Fingern seinen Bart, und beim Reden spielen seine Finger am Handy, allerdings nicht etwa ein Smartphone der neuesten Generation: »Ich möchte nicht auf Schritt und Tritt E-Mails erhalten.« Überhaupt gefällt ihm das Wort Luxus nicht: »Ein Glas Wasser in der Wüste, das ist Luxus.« Sein Maßstab ist die absolute Qualität des ausschließlich von Hand gefertigten Produkts. Denn, wie es sein Florentiner Modekollege Aldo Gucci formulierte: »An die Qualität erinnert man sich noch, wenn der Preis längst vergessen ist.«

Die Mode ist eine tragende Säule von Italiens Wirtschaft und erzielt vier Prozent des gesamten Bruttoinlandsprodukts. Das Unternehmen Stefano Ricci hat in letzter Zeit eine rasante Entwicklung hingelegt, sein Umsatzwachstum in den Jahren 2012 bis 2014 betrug jährlich bis zu fünfzig Prozent. Die Anzahl der augenblicklich zweiundfünfzig Geschäfte, zum Beispiel in Mailand, Monte Carlo, Genf, Moskau und Baku, Abu Dhabi, Shanghai und New York soll sich weltweit noch erhöhen. Täglich begibt sich Stefano Ricci – zumindest virtuell – auf Weltreise, wenn er früh am Morgen mit seinen Geschäften in China konferiert und spätabends mit Los Angeles.

Ausgerechnet in Florenz begann nach dem Zweiten Weltkrieg der Wiederaufstieg Italiens zur Modemacht. In einer Privatvilla fand 1951 die erste Alta-Moda-Schau statt. Ganze fünf Einkäufer aus Amerika hatten sich nach der Pariser Modewoche zu einem Abstecher nach Italien durchgerungen, waren dann aber so begeistert von der italienischen Kreativität – und den günstigen Preisen –, dass sie es überall weitererzählten. Im folgenden Jahr kamen bereits dreihundert Einkäufer zu den Schauen im Palazzo Pitti. Nach einer Pause von fünfunddreißig Jahren liefen 2017 erstmals wieder Stefano Riccis Models unter den Kristallüstern aus Murano im Weißen Saal des Pitti-Palasts, um an die Glanzzeiten der italienischen Mode anzuknüpfen.

Mode war immer schon eine internationale Angelegenheit mit politischen Dimensionen. Auch die Medici waren von Anfang an mit der Modewirtschaft verstrickt und besaßen eigene Seiden- und Stoffmanufakturen. Zum Färben von Stoffen benötigte man damals das Mineral Alaun, das dafür sorgte, dass die Farben im Stoff blieben. Vom Piccolomini-Papst Pius II. hatten die Medici das Monopol auf den Handel mit Alaun in Europa erwirkt. Der Unterhändler, der das Geschäft zwischen den Medici und dem Papst einfädelte, hieß Tornabuoni aus ebenfalls schwerreicher Florentiner Bankiers- und Tuchhändlerfamilie. Ist es Zufall, dass sich Stefano Riccis Geschäft in Florenz im Palazzo Tornabuoni befindet?

Auch Erfolg will kultiviert werden. Die Gewinne, die die Medici durch Produktion, Handel und Geldverleih machten, mussten irgendwie angelegt werden. Dafür bot sich die Kunst an, die eine ausgezeichnete Eigenwerbung darstellte, die katholische Kirche gewogen und die Florentiner Bevölkerung bei Laune hielt, was – wir wissen es ja – nicht einfach war und ist. Stefano Ricci lacht: »*Il fiorentino vive bene con ciò che critica.* Der Florentiner lebt gut mit dem, was er kritisiert.« Der Designer weiß, was er der Stadt zu verdanken hat, und gibt ihr einiges zurück, ohne sein Mäzenatentum an die große Glocke zu hängen. So hat er den Skulpturen unter der Loggia dei Lanzi eine vorteilhafte Beleuchtung spendiert. Auch Meisterwerke wirken gut beleuchtet noch besser.

Die Modeszene von Florenz hat sich in den letzten Jahren stark verändert, viele traditionelle Namen sind verschwunden. Emilio Pucci wurde an den französischen LVMH-Konzern verkauft und ist nach Mailand abgewandert, Gucci an François Pinaults Kering, Salvatore Ferragamo ist an die Börse gegangen, genau wie Roberto Cavalli, der den größten Unternehmensanteil an einen Fonds abgegeben hat. Noch ist Stefano Ricci ein Familienunternehmen. Die beiden Söhne Niccolò und Filippo sind seit Jahren fest in maßgeblichen Führungspositionen verankert, die Enkel wachsen heran. Doch auch die mittlerweile rund fünfhundertfünfzig Mitarbeiter gehören fast mit zur Familie. Ein bisschen stolz sagt Stefano Ricci: »In meinem Unternehmen wurde noch keinen Tag gestreikt und wir hatten noch nie Kurzarbeit.« Mehrmals in der Woche isst der *padrone* in der Mensa zusammen mit den Näherinnen und Angestellten. Und investiert in die Firmenzentrale und nicht in Fabriken im Ausland. Das hundertprozentige »Made in Italy« ist für ihn Ehrensache: »Woanders zu fertigen wäre nicht richtig«.

Was ihm wichtig ist, will Stefano Ricci um sich haben. Als er mich zum Aufzug begleitet, erhasche ich einen schnellen Blick in den Nebenraum, wo seine Oldtimersammlung an Aston Martins und Ferraris steht, für das kleine Glücksgefühl zwischendurch. Auch die Sammelleidenschaft verbindet ihn mit den Medici. Die Galerie der Uffizien liegt über und neben den Verwaltungs- und Regierungsgebäuden der Stadt. Nur zu arbeiten ist eben auch nicht befriedigend. Der Abschied erfolgt wieder formvollendet mit Handkuss: »Ich hoffe, ich war nicht langweilig.« Als ich das Gebäude verlasse, lese ich an der Glastür die Aufschrift *»anti panico«* und überlege, ob einen bei zu viel Luxus vielleicht ab und zu die Panik befällt und man schnell hinaus in die Realität muss? Der Königsadler vor dem Eingang fixiert mich, bis ich hinter der Kurve verschwinde.

Eine neue Perspektive

Sandgräber, Drachenschiffe und ein deutscher Konsul

Langsam zieht Marco eine Zigarette aus der Schachtel, steckt sie bedächtig zwischen die keck geschwungenen Lippen, zündet sie an und zieht den Rauch tief ein. Wie ein Komma lehnt er lässig an der Backsteinmauer, die den Lungarno Diaz vom Fluss trennt, den Blick zur Stadt und der Piazza Mentana gewandt, die grauen Haare hinten zu einem Knoten gebunden. In seinem hageren Gesicht begleiten aufmerksame Augen die vorbeieilenden Passanten. In seinem Rücken steht die Sonne bereits hoch am Himmel über der gegenüberliegenden Flussseite des Oltrarno. Eine leichte Brise trägt den kleinen Rauchfaden der Zigarette flussabwärts, Richtung Pisa. »*Commissario, commissario*«, ruft jemand und winkt Marco lebhaft zu. Marco schlägt für einen Moment mit einem Ausdruck wie: »Sie werden es nie lernen, die Wirklichkeit von der Fiktion zu unterscheiden« die Augen nieder. Dann fügt er sich in seine Rolle als *commissario* und grüßt die aufgeregte ältere Dame freundlich zurück. Im Florentiner kulturellen Leben ist der Schriftsteller Marco Vichi eine feste Größe, bekannt vor allem durch seine Krimis, in denen er Kommissar Bordelli auf Verbrecherjagd durch die Stadt schickt – wobei der Kommissar offen seine Sympathien für die kleinen Gauner auslebt und gern bei der Bürokratie aneckt. Die Florentiner können sich nur zu gut mit ihm identifizieren.

Heute will Marco mich zu einer Recherche für ein neues Buch mitnehmen, das ihm, wie er gesteht, bereits seit Längerem im Kopf herumschwebt: »Damit du die Stadt einmal aus einer anderen Perspektive erlebst.« Ich bin nur allzu bereit dafür. Wir werden mit einem *renaiolo*, einem Sand- und Kiesgräber, auf einem Boot zwischen Ponte alle Grazie und Ponte Santa Trinità pendeln. Was genau er mit dem Ausflug bezweckt, will Marco mir allerdings noch nicht verraten.

Eine Rampe führt vom Lungarno Diaz an der Piazza Mentana – dem einstigen Hafen von Florenz – hinunter an den Fluss. Will man mehr über die Geschichte der Stadt erfahren, sind die alten Straßennamen hilfreich, die mit einem *già*, vormals, unter den heutigen Namen stehen. Die Piazza Mentana, heute in erster Linie ein Parkplatz, hieß einst Piazza delle Travi, weil hier die zusammengebundenen Baumstämme von Vallombrosa und dem Casentinotal ankamen, die für die Deckenbalken der *palazzi* bestimmt waren. Im 18. Jahrhundert wurden dort außerdem im großen Stil über langen Holzleisten in luftigen überdachten Terrassen Tuche nach dem Färben und Waschen zum Trocknen aufgehängt.

Das Leben der einfachen Leute spielte sich früher größtenteils im Freien ab. Unser braun gebrannter *renaiolo* heute heißt ebenfalls Marco, also Marco Due. Als leidenschaftliches Mitglied des gemeinnützigen Vereins »I Renaioli«, navigiert er von April bis Oktober Interessierte auf traditionellen kiellosen Holzbooten mit neun Meter langen Stangen den Arno entlang. Marco Dues rundes Gesicht strahlt mit der Sonne um die Wette und mit kräftigen Armen stößt er das Boot vom Ufer ab. Sein Leben war immer mit dem Fluss verbunden, seit seiner Kindheit lebt er in einer alten Mühle flussaufwärts bei Pontassieve und hat die große Überschwemmung 1966 hautnah miterlebt.

Der Arno zieht träge und undurchsichtig gelbgrün dahin und riecht ein bisschen süßlich nach Algen. Marco Due beginnt von den *renaioli* zu erzählen wie ein Buch. Mit flachen Schaufeln hievten sie die verschiedenen Sand- und Kiesarten ins Boot, bis es randvoll war. Am Ufer luden sie alles wieder aus, und das zwei-, manchmal dreimal am Tag, insgesamt um die fünfzehntausend Kilo Gewicht. Am Ufer wurde die Ladung dann nach verschiedenen Feinheitsgraden gesiebt. Der Sand des Arno war heiß begehrt für den Bau der *palazzi*, nicht nur weil er gleich vor der Haustür lag, sondern auch weil er einen idealen Putz für Fresken lieferte.

Marco Due zieht die neun Meter lange Stange weit aus dem Wasser und stößt sie dann wieder in den Grund, immer wieder, was Marco trocken kommentiert: »Du sparst dir damit das Fitnessstudio.« Gleichmäßig bewegen wir uns mit dem Strom in Richtung des Ponte Vecchio. Rechts zieht der gepflegte, mit Rosen bepflanzte Rasenstreifen der *canottieri* vorbei. Unter den Uffizien haben die Ruderer sich in langen Tunnels eingerichtet, trainieren in einem Untertage-Schwimmbecken, lesen im Clubzimmer auf abgewetzten Ledersesseln Zeitung oder genießen neben der Anlegestelle unter Schatten spendendem wildem Wein das Florentiner Strandflair und einen Negroni mit Wermut, Campari und Gin.

Ein schwarzer Kormoran segelt langsam über unsere Köpfe hinweg. Auf dem Wasser kräuseln sich kleine Wellen. »So ist das Navigieren kein Problem«, sagt Marco Due. »Nur wenn der Wind stärker wird, ist es anstrengend, ohne Kiel.« Ich betrachte die trübe Wasserhaut, in der Marcos Gestalt einen kurzen Schatten wirft. Die Sonne steht jetzt beinahe senkrecht über uns und ich bin froh um meinen Lucy-Honeychurch-Strohhut wie in James Ivorys Film »Zimmer mit Aussicht«, der mich zwar als Touristin brandmarkt, aber vor den intensiven Sonnenstrahlen schützt. Eine Szene des Films wurde rechter Hand im Zimmer 414 des »Hotel degli Orafi« direkt neben den Uffizien gedreht. Marco Due hat meinen Blick aufs Wasser bemerkt und erzählt: »Die Wasserqualität hat sich in den letzten Jahren sehr verbessert. Vor zehn Jahren noch waren meine Hände immer trocken und irritiert durch das Flusswasser, mit dem sie ja durch die Stange in Berührung kommen. Das ist jetzt nicht mehr so. Und man merkt es auch an den Fischen. Barben, Karpfen, Hechte werden wieder mehr, und an den Ufern gleich außerhalb von Florenz kann man handtellergroße Flussmuscheln mit einer glänzenden Perlmuttschicht im Inneren sammeln.«

Marco betrachtet in der Zwischenzeit versunken die Häuserzeile am linken Flussufer, während

Marco Due fortfährt: »Ein echtes Problem sind allerdings die Welse, die von Anglern in den achtziger Jahren ausgesetzt wurden und den heimischen Fischbestand dezimieren. Man hat Welse gefunden, die waren mehr als zwei Meter lang und neunzig Kilo schwer, richtige Monster.« Bei diesen Worten meine ich, unter der Wasseroberfläche einen schwarzen Schatten zu sehen, der sich bewegt. Doch das Dichtgrün des Flusses ist zu unergründlich, um den Eindruck weiterzuverfolgen. Dafür tippt mir Marco auf den Arm – wir sind jetzt beinahe unter dem Ponte Vecchio mit seinen gelb, ocker und rostrot gestrichenen Anbauten, die wie Puppenhäuschen übers Wasser ragen – und zeigt aufs linke Flussufer: »Kennst du die Geschichte von Gerhard Wolf, dem Console di Firenze?« Als ich den Kopf schüttle, klärt er mich auf, dass der gebürtige Dresdner und deutsche Konsul von Florenz sich während des Zweiten Weltkriegs dafür eingesetzt hat, dass die deutschen Truppen auf dem Rückzug 1944 den Ponte Vecchio nicht in die Luft sprengten. Ende Juli 1944 wurden alle Anwohner der Lungarni zu beiden Seiten des Flusses aufgefordert, ihre Häuser zu verlassen, und am 3. August sprengten die deutschen Truppen dann alle Brücken, um das Vorrücken der Alliierten zu verlangsamen – mit Ausnahme des Ponte Vecchio. »Schade um die *palazzi* und alten Stadttürme«, setzt Marco noch hinzu. Und Marco Due ergänzt: »Die vier Statuen der Jahreszeiten auf der Trinità-Brücke fielen bei der Sprengung in den Fluss. Jahrelang konnte man den abgebrochenen Kopf der

Primavera-Statue nicht wiederfinden. Ein *renaiolo* hat ihn dann zufällig 1961 weiter flussabwärts entdeckt. Die versprochene Belohnung für den Fund bekam er allerdings nicht. Man sieht heute noch die Narbe, wo der Kopf der Statue wieder angebracht wurde.«

Mittlerweile sind wir aus dem Schatten des Ponte Vecchio hervorgeglitten und bewegen uns mit regelmäßiger Geschwindigkeit auf den Ponte Santa Trinità zu. Von der Flussmitte sieht man erst, wie schön die elegant geschwungenen Bögen der Brücke sind. Weder Marco noch Marco Due können mir allerdings erklären, warum die Florentiner das Wort *trinità* – normalerweise liegt im Italienischen der Akzent auf der dritten Silbe – auf dem ersten »i« betonen. Römische Reminiszenzen? Ein lang gezogenes *»boh«* meiner beiden sonst so kundigen *ciceroni* kommentiert ihre Ratlosigkeit.

Hinter der nächsten Brücke, dem Ponte alla Caraia, liegt auf der linken Seite das Stadtviertel San Frediano, wo viele der *renaioli,* die zu den ärmsten Gesellschaftsschichten gehörten, wohnten. Bis ins 20. Jahrhundert stachen sie jeden Morgen in den Fluss zu der Stelle, an der sie mit langen, flachen Schaufeln den Sand oder Kies vom Grund holten und ins Boot kippten. Dabei arbeiteten sie immer an derselben Stelle, sodass dort am Grund Vertiefungen entstanden. Die Arbeit war anstrengend und machte hungrig, weshalb die Frauen mittags *pasta, trippa,* rote Zwiebeln und Wein vorbeibrachten und den Männern vom Ufer zuriefen: »*Bucaioli, c'è le paste!* Löcherbuddler, die *pasta* ist fertig!«. So viel zum Ursprung des Ausdrucks *bucaiolo*, den man auch heute in Florenz häufig hört, wenn auch meist mit despektierlichem Beigeschmack.

Wir machen kehrt und Marco Due krempelt sich die Ärmel seines Hemds nach oben, denn jetzt, wo wir gegen den Strom fahren, wird es ihm warm. An Unter- und Oberarmen zeichnen sich die Muskeln ab und gegen die glitzernde Sonne erinnert er an einen attraktiven, rustikalen *gondoliere*. Die *renaioli* waren ein beliebtes Motiv für die Florentiner Malergruppe der Macchiaioli Mitte des 19. Jahrhunderts. Wie wenig später die Impressionisten in Frankreich, malten die Macchiaioli – unter ihnen Telemaco Signorini, Giovanni Fattori oder Raffaello Sernesi – nicht Formen, sondern *macchie*, Flecken, um die Eindrücke, die das Licht ergab, in Farben zu beschreiben. Marco ist da prosaischer und analysiert nüchtern wie sein Kommissar Bordelli: »Es gab ja bereits die Fotografie, deswegen mussten die Maler sich notgedrungen eine neue Masche einfallen lassen, denn die Technik konnte naturgetreuer abbilden als der Pinsel.«

Zurück am Ufer hilft Marco Due beim Aussteigen und vertäut das rote Boot. Als ich den Fuß wieder an Land setze, schlägt das hektische Treiben der Stadt wie eine Welle über mir zusammen. Jetzt bin ich aber doch gespannt, warum Marco die Flussfahrt überhaupt unternommen hat. Er zündet sich bedächtig die nächste Zigarette an: »Ich möchte ein Kinderbuch schreiben und den Kleinen die Geschichte des Flusses erklären. Du warst mein Versuchskaninchen, ob es funktionieren kann. »*Solo bambini e forestieri sanno ancora meravigliarsi*. Nur Kinder und Auswärtige können noch staunen.«

Mit Conan durch Florenz

Eine Fiakertour durchs Paradies und ein folgenreicher Abriss

Wenn es einen Ort gibt, an dem Florenz sich offenbart, dann in der Taufkirche neben dem Dom. An der Decke erzählen goldglitzernde Mosaike ihre Geschichten. Der überdimensionale Jesus trennt beim Jüngsten Gericht die Spreu vom Weizen, was sich auch Dante – der um die Ecke wohnte – für seine »Göttliche Komödie« merkte. Wie beim Pantheon in Rom fällt aus der Höhe ein Streifen hellen Lichtes ein, was in den relativ schlecht ausgeleuchteten Niederungen der alleruntersten Ebene, in der ich mich mit weiteren staunenden Touristen befinde, hoffnungsvoll registriert wird. Jetzt zur Mittagszeit ist die Luft bedeutungsschwer und auch ein bisschen stickig, sodass man umso lieber die Augen nach oben richtet. Das Baptisterium ist dem Schutzheiligen der Stadt, Johannes dem Täufer, geweiht. Dem Suchenden eröffnet sich hier die Spiritualität von Florenz bis in ihre römischen Wurzeln. Es wird gemunkelt, dass in vorchristlicher Zeit an dieser Stelle ein Marstempel gestanden haben könnte. Byzantinische Mosaikkunst und arabische Symbole am Fußboden zeigen die vielen Anleihen, die die weltläufigen Florentiner von überall nahmen.

Heute reihen sich um das Baptisterium an der

Piazza San Giovanni neben dem Sitz des Erzbischofs von Florenz vor allem Banken, Cafés und Modegeschäfte, während laute Musik aus den weit geöffneten Türen der *Pizza*-Imbisse dringt, in der Hoffnung, Kunden zu fangen. Geschäftig flanieren die Florentiner zwischen Dom und Taufkirche hindurch. Dieser Platz vor dem Dom wurde auch »Paradisum« genannt und da passt es aus verschiedenen Gründen, dass Michelangelo ausgerufen haben soll, es sei eine echte »Porta del Paradiso«, als er Lorenzo Ghibertis goldüberzogenes Tor an der Ostseite der Taufkirche erblickte. Ghiberti hatte immerhin auch siebenundzwanzig Jahre am Tor gewerkelt. Eilige Touristen versuchen Selfies zu schießen und ärgern sich, dass sie Giottos fünfundachtzig Meter hohen *campanile* nicht zur Gänze mit aufs Bild bekommen, bevor sie zum nächsten Besichtigungs-Muss weiterziehen.

Schon Goethe hetzte ja auf seiner Italienreise in drei Stunden durch Florenz, preschte durch den Boboligarten auf der anderen Arno-Seite und durch Dom und Baptisterium. Auf der Rückreise ließ er es Gott sei Dank langsamer angehen und blieb immerhin fast zwei Wochen in Florenz, wobei er feststellte, er habe »fast alles gesehen, was Florenz an Kunstsachen enthält«, was ein weiterer Beweis des Genies unseres Dichterfürsten ist, denn mir ist es auch nach Jahren in Florenz noch nicht gelungen, einen endgültigen Überblick über die Kunstwerke zu gewinnen.

Im Paradies zwischen Dom und Taufkirche parken auch die *fiacchere*, leichte Kutschen mit auf- und zuklappbarem Dach für bis zu fünf Insassen, die von einem kräftigen Pferd gezogen werden. In einem Alter, in dem andere bereits an die Pension denken, hat Paola, Anfang sechzig und energiegeladen, noch einmal einen neuen Beruf ergriffen. Zwar hatte sie ihr ganzes Leben lang mit Pferden zu tun, aber vor fünf Jahren entschloss sie sich, als *fiaccheraia* neu zu beginnen, weil sie »gerne unter Menschen ist«. Zwölf Kutscher üben heute noch dieses Gewerbe aus, vier davon sind Frauen. »*Vole fiacchere?* Möchten Sie eine Kutsche?« Mit diesem Spruch begrüßt mich Chiara schon von Weitem, deren lange schwarze Haare weich über die Schultern fallen. Die rassige Mittdreißigerin stammt aus einer Kutscherdynastie. Vater, Mutter und Bruder, alle sind im Geschäft. »Ich bin damit aufgewachsen und konnte mir nie vorstellen, etwas anderes zu tun.« Beim Reden nimmt Chiara kein Blatt vor den Mund und verzieht ihren roten Schmollmund zu lustigen Grimassen.

Heute mache ich mit ihr und Paola eine Spritztour durch die Stadt, vorbei an den Sehenswürdigkeiten, die jeder Tourist auf der Liste hat. Gemächlich zockelt Conan, der rumänische Schimmel, an der Kathedrale vorbei. Ich rolle mich in den weichen Sitz und lasse mich einlullen von dem gleichmäßigen »Klock Klock« der Hufe, während Chiara und Paola mir abwechselnd Florenz aus ihrer Sicht erklären. An der Ecke Canto dei Bischeri biegt die Kutsche vom Domplatz ab ins Dante-Viertel. Als ein *bischero* gilt auch heute noch, wer sich für schlau hält, in Wahrheit aber der Gelackmeierte ist: Das

Haus der wohlhabenden Familie Bischeri grenzte direkt an den Dom, und als der vergrößert werden sollte, wurde die Familie gefragt, zu welchem Preis sie ihr Haus verkaufen würde. Habgierig steigerte diese den Preis immer weiter, bis es allen zu bunt wurde und das Haus »aus ungeklärter Ursache« Feuer fing und zu einem Spottpreis erworben werden konnte. Heute befindet sich im Eckhaus am Canto dei Bischeri übrigens das Büro des Präsidenten der Region Toskana.

Wir rumpeln durch die engen, dunklen, mittelalterlichen Straßen, in denen schon Dante Alighieri lebte, vorbei an den abweisend wirkenden *case torri* der Familie Donati. Im Mittelalter hatte Florenz viele dieser Geschlechtertürme, von denen heute noch über sechzig erhalten sind, sodass es ausgesehen haben muss wie heutzutage Manhattan. Dass die Familie von Dantes Frau Gemma politisch zu den schwarzen Guelfen gehörte, während Dante zu den weißen hielt, verhieß jedenfalls nichts Gutes für den Haussegen. »Und dann schreibt er auch noch ein Buch, in dem er Beatrice Portinari anhimmelt, die mit einem Bardi verheiratet war, und keine einzige Zeile über seine Frau«, Chiara fegt entrüstet eine widerspenstige Locke aus der Stirn. »Dem hätte ich gehörig was erzählt.« In den nun folgenden Minuten schildert sie detailgenau, was sie mit einem solchen *zozzone*, Dreckskerl, anstellen würde. Hätte Dante Chiaras Worte vernommen, da bin ich mir sicher, wäre das Ego des Vaters der italienischen Sprache wahrscheinlich so darniedergelegen, dass er die »Vita Nova« nie geschrieben hätte.

Wir halten auf die Piazza della Repubblica zu, die Straßen werden breit, die Häuser regelmäßig. Der Stadtkern von Florenz ist eigentlich eine Art Disneyland. Als Florenz nach der partiellen Einigung Italiens vorübergehend Hauptstadt wurde, begann man nach französischem Vorbild fieberhaft die Stadtmauern einzureißen, um der Stadt Würde und Größe zu verleihen. Dort, wo heute die Piazza della Repubblica liegt, hatten die Römer um 60 vor Christus die Stadt Florentia gegründet. Die Gegend des Zentrums um den Mercato Vecchio wurde dann im Mittelalter immer dichter besiedelt. Auch das ummauerte jüdische Ghetto befand sich bis 1848 hier, und als es schließlich aufgelöst wurde, zogen die armen Bevölkerungsschichten in die Häuser. Diesen ebenso verwahrlosten wie lebendigen Stadtkern wollte König Vittorio Emanuele II. sanieren, wie es in großen Lettern auf dem Torbogen an der *piazza* prangt: »*L'antico centro della città da secolare squallore a vita nuova restituito.* Dem antiken Stadtzentrum wurde nach jahrhundertelanger Verkommenheit neues Leben gegeben.«

Von den einen als *risanamento*, Sanierung, gelobt, von den anderen als *sventramento*, Abriss, beschimpft, zwang man Ende des 19. Jahrhunderts fünftausendachthundertzweiundzwanzig Bürger, sich ein neues Zuhause zu suchen. Zwölf *palazzi* und zwanzig *case torri* fielen der Modernität zum Opfer, außerdem sechs Kirchen und zwei Synagogen. Immobilienspekulanten machten ein gutes Geschäft und einige Antiquitätenhändler ein Vermögen mit Kunstwerken, die vor dem Abriss

»gerettet« wurden. Das Bürgertum richtete sich auf der nunmehr luftigen Piazza della Repubblica im Gilli, Paszkowski und in den Giubbe Rosse wohlig ein, um in literarischen Zirkeln beim *caffè* zu diskutieren.

Auf der breiten Via dei Calzaiuoli geht es zur Piazza della Signoria, Conan macht seinem Namen alle Ehre und bricht sich durch die Touristentrauben Bahn. An der Piazza della Signoria halten wir kurz, ausgerechnet neben dem Gedenkstein, wo 1498 der flammende Prediger Savonarola verbrannt wurde. Bruder Girolamo hätte heutzutage zwischen Gucci-Museum und Generali-Versicherungsgebäude bestimmt gleich wieder gegen die »fetten Kühe« gewettert, die Thomas Mann in seinem Theaterstück »Fiorenza« bemühte, in dem Savonarola und Lorenzo de' Medici zwei »feindliche Brüder« geben. Beide sind machtgierig und an der gleichen Frau interessiert, die wiederum ein Sinnbild für Florenz ist: »Scharfe Augen und eine lose Zunge hat Florenz, halt dich zurück und herrsche«, sinnierte Mann.

Während Pferd und Kutscherinnen ein Bonbon zur Stärkung lutschen, leuchtet das Weiß des Schimmels Ton in Ton mit dem marmornen David. Frisch gestärkt geht's weiter, direkt ins U der Uffizien hinein und dann rechts in die kleine mittelalterliche Gasse Via Lambertesca mit charakteristischen Lebensmittelgeschäften und der Accademia dei Georgofili, die 1993 bei einem Attentat der Mafia schwer beschädigt wurde. Dabei kamen fünf Menschen ums Leben, woran jedes Jahr mit viel Anteilnahme erinnert wird. Die Mafiosi hatten geglaubt, das Gebäude sei Teil der Uffizien – Bildung hätte vielleicht auch hier geholfen.

Nach wenigen Metern halten wir direkt auf den menschenüberladenen Ponte Vecchio zu. Paola berührt mit dem Peitschenende leicht Conans Rücken und erklärt: »Manche glauben, wenn wir die Peitsche in die Hand nehmen, würden wir das Pferd antreiben, doch das Gegenteil ist bei Conan der Fall. Wenn er die Berührung spürt, weiß er, dass er langsam machen und vorsichtig sein muss.« Mit seinen beinahe achtzehn Jahren ist Conan ein Best Ager, aber Paola achtet darauf, dass er sich nicht zu sehr verausgabt. Jeder *fiaccheraio* hält zwei, Paola sogar drei Pferde, die sich tageweise mit dem Kutscheziehen abwechseln. Chiara setzt hinzu: »Wir haben uns mit anderen vier Kutschern zusammengetan und noch ein zusätzliches Pferd gekauft, damit die älteren Pferde länger pausieren können. Bei Regen oder wenn es zu heiß ist, schirren wir die Pferde sowieso nicht an.« Die Pferde aller *fiaccherai* werden in einem Stall der Stadt im Park Le Cascine gehalten, etwa dreißig Pferdeminuten von der Altstadt entfernt.

Wir lenken ein in den Lungarno, der bis zur Via Tornabuoni von Autos befahren wird. Der Stadtkern um Piazza del Duomo, Piazza della Signoria und Piazza Pitti ist Fußgängerzone, die umliegende Altstadt eine sogenannte ZTL (*zona a traffico limitato*), in die man zu bestimmten Zeiten, wenn die Ampel rot leuchtet, nicht mit dem Auto fahren darf, es sei denn, das Nummernschild steht auf der

»Weißen Liste«. Auch Innenstadtparkwächter und Hotels geben die Kennzeichen ihrer Kunden an die Behörden weiter. Wer nicht in der Altstadt wohnt, tut gut daran, außerhalb des Rings zu parken. Natürlich ist die ZTL in Florenz ein heiß diskutiertes Thema, Handwerker und Geschäfte beschweren sich, damit würde nun endgültig ihr Untergang herbeigeführt. Andere würden am liebsten noch rigoroser eingreifen und jegliche Autos zu allen Tages- und Nachtzeiten aus dem Innenstadtbereich verbannen. Das Thema Verkehr ist ein Dauerbrenner, der das Blut der Florentiner in Wallung bringt. Die letzte ausdauernde Polemik galt der *tranvia*, der Straßenbahn, deren Für und Wider endlos diskutiert wurde, bis die erste Linie von Santa Maria Novella nach Scandicci dann 2010 in Betrieb ging.

Chiara schnalzt mit der Zunge und Conan fällt in einen flotten Trab. Der Fahrer eines schwarzen Bentleys vor uns, dessen Wagen glänzt, als wäre er mit Schuhcreme eingerieben, lenkt erschrocken die Limousine an den Straßenrand. Chiara und Paola lachen amüsiert: »Er hatte wohl Angst, wir würden seinen Schlitten zerschrammen.« Es hat etwas Elegantes, mit einem *fiacchere* über die Via Tornabuoni zu kreuzen und die Modernität rechts liegen zu lassen. Wir passieren das Schuh- und Mode-Museum Ferragamo und halten wieder direkt auf die Piazza della Repubblica zu. Am einstigen Forum Romanum legten die antiken Römer zwei rechtwinkelig abgehende Straßen an und am Nabel der Stadt, wo sich die beiden Straßen kreuzten, stellten sie eine Säule auf, die der Stadt Wohlstand versprach, solange sie auf dem Platz stand. Im 18. Jahrhundert wurde die Säule zerstört und man beeilte sich, eine neue hinzustellen, um den Wohlstand nicht zu verlieren. Das Original der heutigen Colonna dell'Abbondanza steht sicherheitshalber und sinnigerweise im Hauptgebäude der Bank Cassa di Risparmio. Die Kopie wurde etwas an die Seite des Platzes gerückt, um dem Karussell und den Souvenirhändlern nicht im Weg zu stehen, die ja auch im Dienste des Wohlstands stehen. Ausgerechnet jetzt lässt Conan ein paar Pferdeäpfel fallen.

Eine Nacht mit Galileo

Der Geist Arcetris, ein Nilpferd und das Lachen der Physiker

Er lag im Gras, das in saftig grünen Büscheln neben ihm spross, und betrachtete die Ameisen, die zielstrebig Sandkörner und Halme hin und her schleppten. In der Hand hielt er ein Glasröhrchen, an dessen offenem Ende eine seidene Kappe befestigt war, und wartete auf seine Beute, eine Eidechse, die er fangen und im Speisesaal freilassen wollte, um die Bedienungen zu erschrecken. Bei dieser immens anspruchsvollen Tätigkeit auf dem Hügel von Arcetri über Florenz ließ Enrico Fermi die Gedanken treiben, und da kam ihm die Idee, dass zwei Atome eines Gases nicht die exakt gleiche Geschwindigkeit haben können, was schließlich in die Fermi-Dirac-Statistik mündete.

Der entspannte Zauber, der von den ausgedehnten Parkanlagen und alten Villen auf dem Rücken des Hügels über der Stadt ausgeht, wird auch von anderen Wissenschaftlern gern als der »Geist von Arcetri« beschrieben. Vom Geist Arcetris haben mittlerweile auch Immobilienspekulanten Wind bekommen. Die Quadratmeterpreise der Gegend gehören mit zu den höchsten von Florenz.

Während ich den Gedanken an den Nobelpreisträger der Physik von 1938 nachhänge, fahre ich die

Straßenwindungen hoch zum Piazzale Michelangelo, an dem sich wie immer sperrige Touristenbusse drängeln. Eine Kurve weiter, auf dem Balkon vor der Kirche San Miniato mit ihren geometrischen Spielen in weißem und grünem Marmor, die später von den Fassaden des Doms und Santa Croce wieder aufgenommen werden, ist die Aussicht auf Florenz mindestens genauso schön und die Ecke ist vergleichsweise menschenleer.

Mittlerweile hat sich eine lebhafte Dunkelheit über die Stadt gesenkt, der Abendhimmel reflektiert orange die Lichter der Stadt, während unten die hell erleuchtete Kuppel des Doms glänzt. Immer schneller ziehen flauschige Wolkenballen von den Bergen des Apennin Richtung Süden, was jetzt gar nicht angebracht ist, denn ich bin auf dem Weg in die Sternwarte von Arcetri, wo ich zusammen mit dem Direktor auf Sterne warten will. Der Ort ist mit Bedacht und symbolischer Ehrfurcht gewählt, denn in der Villa Il Gioiello nebenan verbrachte Galileo Galilei seine letzten elf Jahre, nachdem er 1633 vom Papst in Rom gezwungen worden war, seinen Beobachtungen – nämlich dass die Erde sich um die Sonne dreht und nicht andersherum – abzuschwören. Die Medici waren mächtig genug, Galileo vor dem Scheiterhaufen zu bewahren, aber wiederum nicht stark genug, ihm das Exil zu ersparen. Nun ja, im »Exil« in Arcetri hat er es zugegebenermaßen nicht ganz schlecht getroffen. In einer halben Stunde ist man zu Fuß unten in der Stadt.

Bertolt Brecht legt im Schauspiel »Leben des Galilei« seinem Protagonisten in den Mund: »Das

Weltall aber hat über Nacht seinen Mittelpunkt verloren, und am Morgen hatte es deren unzählige. So dass jetzt jeder als Mittelpunkt angesehen wird und keiner. Denn da ist viel Platz plötzlich.« Neue Möglichkeiten verunsichern, denke ich, während sich im Vorbeifahren die Zacken hoher Zypressen am Straßenrand schwarz in den Himmel recken wie Raketen auf der Abschussrampe.

Der Seiteneingang des Observatoriums liegt, unscheinbar in der Mauer versteckt, in einer engen, abschüssigen Straße. Ab und zu tauchen die Scheinwerfer eines heranbrausenden Autos auf und ich hechte zur Seite, denn einen Bürgersteig gibt es in der schmalen Straße nicht, und warte. Zum verabredeten Zeitpunkt erklingen elastische Schritte und gleich darauf erscheint der *direttore* der Sternwarte am schmiedeeisernen Tor und streckt mir hemdsärmelig die Hand entgegen: »*Sono Filippo.*« In Italien legt man im Allgemeinen nur beschränkten Wert auf Titel. In der Toskana ist das Du die normale Anrede, besonders auf dem Land, im Lebensmittelladen und beim Friseur, auch am Postschalter oder im Restaurant. In Italien ist die Zahl der Hochschulabsolventen niedrig, auch weil die Aussicht auf Arbeit mit einem Abschluss in der Tasche nicht unbedingt steigt. Während in den OECD-Ländern im Durchschnitt um die fünf Prozent der jungen Akademiker arbeitslos sind, gibt es davon in Italien mehr als dreimal so viele.

Die Medici hielten ihre schützende Hand über den Forscher Galilei, damit die Maßnahmen der Katholischen Kirche nicht zu drastisch ausfielen.

Auch hatte Galilei klug vorgebaut und die von ihm 1610 entdeckten Jupitermonde Io, Europa, Ganymed und Kallisto als Reverenz nach den Medici benannt. Macht und Wissenschaft profitierten voneinander. Das Interesse der Medici an den neuen Erkenntnissen bedeutete aber nicht, dass diese einer breiten Öffentlichkeit zugänglich gemacht werden sollten. Tatsächlich hatte Lorenzo de' Medici die Universität bereits 1472 nach Pisa verlegt mit der kuriosen Begründung, Florenz biete sowieso zu viel Ablenkung für junge Leute. Wissenschaftliche Interessen wurden fortan in kleinen Zirkeln wie den Akademien vertieft, wo man gerne unter sich blieb. Eine richtige Universität bekam Florenz erst wieder 1924.

»Man kann einen Menschen nichts lehren, man kann ihm nur helfen, es in sich selbst zu entdecken«, sagte Galilei. Seine Gedanken fassten in Florenz weiter Fuß. Einige seiner Schüler gründeten 1657 die Accademia del Cimento als erste europäische Akademie der Wissenschaften für experimentelle Physik, deren Motto lautete »*Provando e riprovando*. Probieren und wieder probieren«. Während die Forscher an allerfeinster Adresse, direkt im Palazzo Pitti, disputierten und Naturphänomene wie das Wetter oder den Luftdruck beobachteten, interessierten sich die Medici auch für den praktischen Aspekt der Theorien, denn neue Instrumente und Erkenntnisse bedeuteten ja auch wirtschaftliche oder militärische Vorteile.

Ein Überblick der reichen Sammlungen an Instrumenten, Karten und Globen der Medici und später auch der Habsburg-Lothringer wird im Museo Galileo Galilei direkt am Arno neben den Uffizien geboten. Zu Recht ist das Museum nach dem Urvater der Wissenschaften benannt, trotz seines erzwungenen Abschwörens. Dass er nach dem Prozess heroisch »und sie bewegt sich doch« in seinen Bart gemurmelt haben soll, ist allerdings eine Legende. Im Museum befindet sich neben Fernrohren Galileis auch der knochige gestreckte Mittelfinger seiner rechten Hand, der 1737 bei der Umbettung der Gebeine in die Basilika von Santa Croce abgenommen wurde, sozusagen als Reliquie eines Märtyrers für die Wissenschaft.

Zusammen mit Filippo eile ich die Stufenflucht entlang efeubewachsener Mauern zur runden Kuppel des Observatoriums, die wie ein großer Pilz bleich in die Nacht ragt. Der Himmel ist immer noch dick mit Blumenkohlwolken verhangen. Am Weg reihen sich maßstabsgerecht in Relation ihrer Größe und der Distanz zueinander die Planeten unseres Sonnensystems. Saturn mit seinem Ring steht medizinballgroß in fünfzig Metern Entfernung von der Erde, mit der man gerade mal Golf spielen kann. Filippo erzählt gern und auch ein bisschen stolz von den vielen internationalen Projekten des INAF-Instituts (Istituto Nazionale di Astrofisica) und seiner hundertzwanzig Mitarbeiter, das eine lange Tradition nicht nur in der Grundlagenforschung, sondern auch in der Entwicklung von optischen Instrumenten vorweisen kann. Sie arbeiten sowohl mit Kollegen der Max-Planck-Gesellschaft wie der NASA zusammen, haben in Arizona das Teleskop LBT (Large Binocular Telescope) entwickelt und sind in Chile federführend am neununddreißig Meter breiten Teleskop E-ELT (European Extremely Large Telescope) beteiligt. Das Riesenauge soll ab 2025 die Atmosphären von Planeten außerhalb unseres Sonnensystems erforschen. Neben der wissenschaftlichen Arbeit veranstaltet das Observatorium fast täglich Besichtigungen für Schulklassen und Interessierte. In den Sommermonaten werden im Amphitheater nächtliche Konferenzen, Musik- und Theaterveranstaltungen geboten, die von den Florentinern gerne wahrgenommen werden.

Wissenschaften und Kunst für jedermann hat Pietro Leopoldo entscheidend vorangebracht, als er 1769 zuerst die Gemälde und andere Kunstobjekte in den Uffizien zugänglich machte. Im Jahr 1775 eröffnete er dann das Museum La Specola neben dem Palazzo Pitti, wo wissenschaftliche Instrumente und Exponate von allem, was auf Erden kreucht und fleucht – einschließlich dem Menschen in anatomischen Wachsmodellen – einer sehr interessierten Öffentlichkeit zugänglich gemacht wurden. Sogar ein Nilpferd steht dort seit dem 17. Jahrhundert etwas verschämt in einer Ecke. Die Präparatoren hatten das exotische Tier wohl nie in natura zu Gesicht bekommen und stopften die Füße des armen Tieres abgeknickt wie die Pfoten eines Hundes oder einer Katze aus. In Schubladen unter den Tischen befanden sich Erklärungen zu den einzelnen Ausstellungsstücken, damit sich jeder nach Belieben weiterbilden konnte. Ganz oben im Museum kann man den *torrino*, den Turm mit der ersten Sternwarte von Florenz besichtigen und eine großartige Aussicht auf die Stadt genießen. Im 19. Jahrhundert, mit dem Aufkommen der Straßenbeleuchtung, musste das Observatorium dann nach Arcetri umziehen – wohl auch weil man vom *torrino* zu detaillierte Einblicke in die Schlafgemächer der Herrschenden im Palazzo Pitti hatte, heißt es.

Dass zum einen auf höchstem Niveau geforscht wird und auf der anderen Seite sich ein breites Publikum für Astronomie und Physik interessiert, ist nicht zuletzt einer prominenten Studentin von Arcetri zu verdanken, der 2013 verstorbenen Margherita Hack. Auf Galileis Spuren schloss die unbequeme Astrophysikerin, Vegetarierin, Tierliebhaberin und bekennende Atheistin 1945 ihre Studien über die Sternengruppe der Cepheiden in Arcetri ab. »Heute«, sagt Filippo, »betreuen wir bis zu fünf Doktoranden jährlich im Institut.« Die Hälfte der jungen Forscher wandert allerdings ins europäische und außereuropäische Ausland ab, weil die Aussichten auf Karriere, ein attraktives Gehalt und eine feste Anstellung in Italien gering sind.

Von innen gibt sich die Sternwarte im Retrolook, der an den Rändern fransige, glänzende Linoleumfußboden erinnert an die achtziger Jahre, nackte Betonwände starren einem entgegen. Die holzvertäfelte Kuppel ist in der Mitte – wo sie sich für das Teleskop öffnet – mit leuchtend grünem Filz wie ein Billardtisch überzogen. Wenn sie sich denn öffnet, denn heute lassen die Wolken keine Aussicht auf die Sterne zu und mein Rendezvous mit den Himmelskörpern kann nicht stattfinden. Filippo zuckt bedauernd mit den Schultern: »Dann musst du es in ein paar Tagen wieder probieren.« – »Klar«, sage ich, *»provare e riprovare,* solange bis es klappt.« Worauf Filippo in ein mitfühlendes Lachen ausbricht und ich an Brechts Figur Galileo denken muss: »Die Theologen haben ihr Glockenläuten und die Physiker haben ihr Lachen.« Auch Enrico Fermi lächelt weise und wissend von der Erinnerungstafel an der Wand in der Basilika Santa Croce, rechts neben Galileo Galilei.

l'coco Filippo

Die italienische Sprache, ein blutiges Steak und ein Mops in Nöten

Irren ist menschlich. Das gilt selbst für Durante di Alighiero degli Alighieri, besser bekannt unter dem Namen Dante. Seine »Göttliche Komödie« gipfelt in dem letzten Satz: »Liebe ist die Kraft, die die Sonne bewegt und alle anderen Sterne.« Zumindest in astronomischer Hinsicht war Dante noch im falschen, nämlich aristotelischen Weltbild, nahm er doch an, dass Sonne und Sterne um die Erde kreisen. Sprachlich hatte er allerdings ins Schwarze getroffen und mit seinem *dolce stil novo*, dem gleichermaßen konkreten wie profunden Ausdruck in toskanischer Volkssprache die Vorlage fürs spätere Italienisch geliefert. Von den rund siebentausend Wörtern des italienischen Grundwortschatzes sollen fünftausendfünfhundert bereits im 14. Jahrhundert gebraucht und besonders dank Dantes Werken verbreitet worden sein. Nicht umsonst war seine »Göttliche Komödie« ein echter Bestseller, von dem uns über achthundert zeitgenössische Kopien erhalten sind.

»*Pronto!*« – »Ein Tisch für zwei Personen um acht Uhr.« – »Alles klar«, sagt Filippo und grüßt mich mit Namen. Immer wieder bin ich erstaunt, dass in Italien jeder weiß, wer der Anrufer ist, obwohl niemand am Telefon sich mit Namen meldet.

Wenn es die Muttersprache ist, hört man wahrscheinlich noch feinere Nuancen heraus, während ich mich bemühen muss, zuerst den Sinn der Worte zu verstehen. Das Restaurant ist eigentlich eine *trattoria*, das heißt, es wird Hausmannskost serviert, was in diesem Fall eine Untertreibung ist, aber dazu später. Es liegt an der verkehrsreichen Piazza Beccaria, schräg gegenüber der Tageszeitung *La Nazione*, seit über hundertfünfzig Jahren das offizielle Verlautbarungsorgan der Regierenden und die erste national verbreitete Tageszeitung Italiens. Auf dem Schild am Eingang steht »*La vera cucina fiorentina*« und das ist in diesem Fall keine Übertreibung. »*Voi vvù sé'e belli.* Na, ihr Hübschen«, zieht uns Koch Filippo, dessen gewichtige Figur in weißer Schürze den Türrahmen seines Restaurants ausfüllt, sofort auf. Phonetisch klingt das Florentinische kaum nach Italienisch, auch wenn sich aus der Literatur von Dante, Petrarca und Boccaccio die italienische Hochsprache destilliert hat. Das Florentinische ist, wie um die dreißig weitere Dialekte in Italien, eine eigenständige Sprache und nicht etwa nur eine verwaschene oder eingefärbte Hochsprache. Die italienische Koryphäe der Linguistik, Tullio De Mauro, schätzte, dass bei der Einigung Italiens 1861 vierundsechzig Prozent der Einwohner des Stiefels ausschließlich Dialekt sprachen. Im Übrigen waren an die achtzig Prozent der italienischen Bevölkerung Analphabeten. Nach dem Zweiten Weltkrieg ist die Zahl der Dialektfixierten dank des Zuges der Gastarbeiter aus dem armen Süden in den Industriegürtel des Nordens und der allgegenwärtigen Berieselung durch Film, Radio und Fernsehen heute auf unter fünf Prozent gesunken. *I'coco*, Koch Filippo rechnet sich am liebsten zu der sturen Minderheit und spricht nur notgedrungen Italienisch. Er besteht den Florentiner-Test mit Bravour, der da lautet, den Satz »*la Coca Cola con la canuccia*, Coca Cola mit Strohhalm« wie ein Einheimischer auszusprechen. Die Florentiner verschlucken das als »k« gesprochene »c« dermaßen, dass es zum »h« wird und sich anhört wie: »*la Hoha Hola hon la hanuccia*«. Wer dies schafft, hat die Reifeprüfung bestanden und wird wie der Wein zum Florentiner DOC (Denominazione di Origine Controllata), also mit Herkunftsgarantie, befördert.

Während es im Deutschen die Liebe ist, die durch den Magen geht, sagt man hierzulande: »*Parla come mangi*. Sprich, wie du isst«, also klar und deutlich, ohne Umschweife und Firlefanz. Wie die toskanische Küche ist auch die Sprache einfach, unverblümt und direkt. Der Schriftsteller Alessandro Manzoni kam 1861 extra für einige Wochen nach Florenz, um seinen Erfolgsroman »Die Brautleute« zu überarbeiten und, wie er zugab, seine »Laken im Arno zu waschen«, um mit einer Florentiner Färbung seines Werks noch mehr Leser zu erreichen.

Wie die Küche so lebt die Sprache von der Spannung, die Anforderungen der jeweiligen Zeit zu meistern, und ist in der Form wie in der Substanz ständigen Veränderungen ausgesetzt. Einige Grundpfeiler bleiben jedoch bestehen und Filippo hat es mit Kreide für alle sichtbar auf eine schwarze Schiefertafel groß an die Wand geschrieben: »*Un mi chie-*

dete di cuocervi di più la bistecca, tanto un ve la fo!« Das Florentiner Steak wird hier ausschließlich blutig serviert, so wie es die Tradition gebietet. Kein Gast soll auf die Idee kommen von ihm zu verlangen, dass er es durchbrät! Das käme einer persönlichen Beleidigung gleich. Die stets zu einem spitzbübischen Lachen aufgelegten Mundwinkel Filippos wirken zum Äußersten entschlossen.

Im Inneren der winzigen *trattoria* drängt sich auf engstem Raum Tisch an Tisch, während die Stammgäste von Filippo in den Keller gewunken werden. Hier darf man keine Berührungsängste haben und die Gespräche werden raumgreifend und manchmal auch surreal. Wie vermeintlich Einfaches in Wahrheit hohe Kunst ist, so verstecken sich auch hinter den Rezepten Filippos traditionelle kulinarische Leckerbissen, die aus den gängigen Speisekarten und Touristenmenüs längst verschwunden sind, wie *coniglio in fricassea*, Kaninchen-Frikassee, dessen Geheimnis in der cremigen Sauce aus Eigelb, Petersilie, Thymian und Zitrone liegt, und *bracioline fritte rifatte*, eine Art Wiener Schnitzel in Tomatensauce, oder *stufato di pelliccia*, Eintopf »im Pelz« – wobei die hochtrabende Assoziation sofort im Nachsatz demontiert wird: »*molte patate e poca ciccia*«, mit »viel Kartoffeln und wenig Fleisch«. Wie die toskanische Küche macht die Sprache aus dem Mangel eine Tugend und beide, Sprache wie Küche, lassen immer Raum für einen letzten Rest an Geheimnis. Wer in der Toskana beim Bäcker einen Laib Brot einkauft, wird gefragt, ob man ihn mehr oder weniger durchgebacken möchte, und die Antwort lautet oft: »*il giusto*, genau richtig«. Während unsereins mit einer solchen Antwort ebenso schlau ist wie zuvor, greift der Bäcker zielsicher einen Laib heraus, der für diesen Kunden »genau richtig« gebacken ist.

Um halb neun füllt sich das winzige, weiß getünchte Kellergewölbe, das nur ein schmales Lichtauge zur Straße besitzt. An den oben vorbeieilenden und -schlendernden Füßen lässt sich gleich die diesjährige Schuhmode ablesen. An der gegenüberliegenden Wand stapeln sich ausgesuchte Weinflaschen bis unter die niedrige Decke. Am Nebentisch nimmt eine kleine glückliche Familie Platz, *mamma* und *babbo* schenken ihre ganze Aufmerksamkeit dem proper gekleideten vierjährigen Sprössling in ihrer Mitte. Dann ist da noch ein französisches Paar in vorgerücktem Alter, daneben ein Bebrillter Anfang zwanzig, der augenscheinlich zum ersten Mal das hübsche schmale Mädchen zum Abendessen ausführt. Zwei junge Paare mit sinnlichem Akzent aus der Emilia Romagna, der die »z« weich als »s« lispelt, sodass die *pizza* zur *pissa* wird, passen gerade noch an den letzten Tisch, im Schlepptau ein praller Mops, der schwer atmend auf kurzen Beinen durch den Raum tapst und es sich dann mit einem ergebenen Seufzer unterm Tisch bequem macht.

Filippo schwenkt in der winzigen offenen Küche nebenan behände Töpfe und Pfannen, als wäre er bei sich zu Hause, begrüßt die Ankommenden und wechselt mit jedem ein paar persönliche Worte. Nur die wenigsten Gäste wissen, dass er bereits mit zwanzig Jahren in Fiesole ein Restaurant als Küchenchef geleitet hat, das einen Michelin-Stern hielt. Stolz sagt er noch heute: »Die Inspektoren kamen mehrmals und hatten nichts zu beanstanden. Nicht schlecht für das Alter.« Nachdem er in verschiedenen ausgezeichneten Florentiner Restaurants malocht hat – was die Italiener *fare la gavetta* nennen – konnte er schließlich sein eigenes kleines Lokal eröffnen. Bewusst wollte er die einfache toskanische Küche zelebrieren, mit möglichst wenig Zugeständnissen an den Zeitgeist, abgesehen von einem Rucolasalat hie und da. Seine Eltern helfen beide täglich mit. »Das Essen für Tisch eins oben ist fertig«, grummelt Filippo seinen Vater Vinicio an. »*Comincia a rompere.* Jetzt beginnt er wieder zu nerven«, gibt sein Vater sofort zurück. – »*Non capisci un kaiser!* Du verstehst überhaupt nichts!«, entgegnet Filippo. Mindestens ein derbes Wort oder ein Fluch gehören in einen echten toskanischen Satz und selbst der Kaiser hat in den Schimpftiraden die Zeiten überdauert. »Die Toskaner haben den Himmel vor Augen und die Hölle auf den Lippen«, sagte der Schriftsteller Curzio Malaparte, der in Wahrheit Kurt Erich Suckert hieß, da er einen deutschen Vater hatte, liebevoll über seine *maledetti Toscani*, die verwünschten Toskaner.

Wie die toskanische Küche den Geschmack der Zutaten intensiviert, statt ihn zuzudecken, so ist die Sprache nah an der Natur. Denn nur wer die Natur gut kennt, beschreibt sie lebendig. Der Knirps mit dem klangvollen Namen Cosimo am Tisch nebenan blickt auf und fragt seinen *babbo*: »Ist das ein echtes

Gewehr an der Wand?« Filippo ist einer von rund neunzigtausend passionierten Jägern in der Toskana. Er macht aus seiner Leidenschaft keinen Hehl, steht am Wochenende vor Sonnenaufgang auf und streift mit seinem Hund durch den Wald. Die Jagd gehört immer noch zu den toskanischen Gewohnheiten, und vom letzten Septemberwochenende bis in den Januar hört man das regelmäßige Knallen der Flinten.

Das junge Paar isst stumm an seiner gemeinsamen Aufschnittplatte und wirft ab und an einen Blick aufs Handy, während die Franzosen am Nachbartisch in einem steten *crescendo* parlieren, bis der *coniglio in porchetta*, das Kaninchen im Speckmantel, aufgetischt wird und sie in andachtsvolle Stille versinken. Filippo zwinkert mir zu und pocht auf Florentiner Lorbeeren: »Caterina de' Medici hat den Franzosen am Pariser Hof das Kochen doch erst beigebracht.« Da fängt unter dem Tisch der auswärtigen Paare der Mops plötzlich an zu keuchen. Er hat sich an einem Happen verschluckt, den das Frauchen ihm zugesteckt hat. Ein »*Maremma maiala impestata ladra*« auf den Lippen – was anstandshalber gar nicht erst übersetzt wird, aber unter anderem von Nutztieren, Krankheit und gesetzeswidrigen Berufen handelt – springt Filippo hinzu und befreit den Hund mit einem energischen Griff von dem Brocken, was eine allgemeine Erleichterung auslöst. »*Tutto è bene quel che finisce bene*. Ende gut, alles gut«, meint Filippo lapidar. Shakespeare hat die Geschichte für seine gleichnamige Komödie übrigens aus dem »Decamerone«

des Humanisten Boccaccio abgekupfert. Denn die toskanischen Humanisten haben nicht nur die italienische Sprache beeinflusst.

Und wo sind die Frauen?

Eingemauerte Nonnen, die erste Malerin und wie Florenz zu seinem Glück kam

Die enge Straße macht einen scharfen Knick und plötzlich liegt Florenz vor mir im Tal. Hell strahlt die Nachmittagssonne, die sich schon weit nach Westen Richtung Pistoia aufgemacht hat. Ihr Licht lässt die Hausdächer in der Ebene glänzen wie unzählige Wassertropfen. Wenige Minuten später bin ich im Dorf Settignano, dem kleinen Bruder des bekannteren Fiesole, früher ein Ort der romantisch aufgeladenen Sommerfrische, geschätzt von Mark Twain bis Gabriele d'Annunzio. Die Ortsansässigen hatten dagegen eher Augen für die *pietra serena* in den Steinbrüchen von Maiano nebenan, wo Bildhauer wie Desiderio da Settignano, Michelangelo Buonarroti und Bartolomeo Ammanati zugange waren. Denkt man sich die parkenden Autos rund um den Brunnen an der *piazzetta* weg, befindet man sich mitten in einem Gemälde des Macchiaiolo Telemaco Signorini aus dem 19. Jahrhundert. Die idyllische Atmosphäre scheint sich herumgesprochen zu haben, denn auf einer Strecke von fünfzig Metern reihen sich vier Bars aneinander. In der »Casa del Popolo« spielen alte Männer unter einem Bild, das »*Libertà, amore e pace tra i popoli*« verkündet, an wackligen Tischen lautstark Karten, wie *briscola* und *ramino*. Auf der Terrasse mit Olivenhainblick sitzt Johanna Knauf, die wilden Locken zu einem dicken seitlichen Zopf geflochten. Farbenfrohe, weite Kleidung umfließt ihren Körper, so ganz anders als bei den modischen Florentiner Damen, die ihre Kurven betont zur Schau stellen. Johanna gestikuliert und erzählt wie ein Wasserfall, und wenn sie besonders leidenschaftlich für etwas brennt, kann es passieren, dass ihre Stimme zittert und sich überschlägt. Sie trägt ihre Emotionen wie einen Schild vor sich her.

Michelangelo und Leonardo, Galileo und Donatello, Benvenuto und Dante, die Liste der großen Männer von Florenz ließe sich beliebig fortsetzen, Männer *appunto*. Auch die Statuen auf der Piazza della Signoria und unter der Loggia dei Lanzi sprechen eine klare Sprache. Perseus hält triumphierend den abgehackten Kopf Medusas in die Höhe. Die vielzüngigen Schlangen standen für die republikanische Gesinnung der Stadt, die auf Veranlassung Cosimos I. einen Kopf kürzer gemacht wurde. Dimensionen wurden wichtig, nachdem Michelangelo es mit dem David vorgemacht hatte. Fortan hieß die Devise: größer, fleischiger, kräftiger. Nackte Männer ringen mal miteinander, mal mit Zentauren, oder sie stehen einfach muskelbepackt dekorativ in der Gegend herum, wie Neptun in der Mitte des Ammanati-Brunnens. Neben diesen Riesen nimmt sich Donatellos bronzene Statue von Judith und Holofernes zierlich aus. Eine zarte, anmutige Judith schlägt dem rohen Holofernes, der mit seinen Truppen die Stadt bedroht, den Kopf ab. Das florentinische Volk hatte bei der zweiten Vertreibung der Medici 1494 die Statue demonstrativ auf die Piazza della Signoria geschleppt, als Mahnung wider jede Tyrannei. Als dann jedoch Michelangelos David vor dem Eingang des Palazzo Vecchio platziert wurde, musste Judith zuerst unter die Loggia dei Lanzi weichen, wurde dort aber von Giambolognas »Raub der Sabinerinnen« verdrängt. Heute steht eine Kopie zwar wieder neben dem David, fällt aber aufgrund der dunklen Zierlichkeit kaum ins Auge und wird von den Schwärmen Schaulustiger kaum beachtet. Um das Original zu sehen, lohnt ein Besuch im Liliensaal des Palazzo Vecchio.

Frauen hatten es in Florenz nie leicht. Sie dürfen geheimnisvoll lächeln wie da Vincis »Gioconda«, oder ein bisschen verlegen und nach innen gewandt wie Botticellis »Venus« – schließlich recken sich in den Uffizien Dutzende Köpfe nach ihr, um zu bewundern, wie sie splitterfasernackt hinter einem Glasrahmen posiert, der die wehrlose Schöne vor Attentaten schützen soll. In der ersten Reihe stehen und als Macher oder künstlerisch in Erscheinung zu treten, war für Frauen in der ehemaligen römischen Legionärssiedlung über viele Jahrhunderte nicht vorgesehen. Die Lebenswege der Frauen waren andere als heute. Im Jahr 1370 ließen sich zwölf Nonnen mitten auf der Brücke Ponte alle Grazie vor dem Ponte Vecchio freiwillig in kleine Häuschen einmauern, wo sie von Almosen lebten. Die *murate* hatten immer mehr Zulauf, sodass die Brücke bald zu klein wurde und sie unweit vom Arno ins

Kloster Le Murate umzogen. Nachdem das Kloster unter französischer Besatzung schließlich aufgelöst wurde, diente es ab 1808 bis in die achtziger Jahre des 20. Jahrhunderts als Männergefängnis.

Als Johanna Knauf nach dem Gesangsstudium in München und einer Zwischenstation in Bozen zum ersten Mal mit Florenz in Berührung kommt, ist sie sofort von der Schönheit der Stadt wie vom Blitz getroffen. Auch ein zweijähriger Aufenthalt in Wien kann ihr Florenz nicht mehr aus dem Lockenkopf treiben, genauso wenig wie den charmanten Florentiner und späteren Vater ihrer beiden Söhne. So lebt die Sopranistin seit 1983 fest in der Stadt: »Es hat sich doch einiges verändert. In den achtziger Jahren holten die alten Leute ihre Stühle aus den Häusern, setzten sich zusammen auf die Straße und plauderten. Und die Fakultäten der Universität waren alle noch im Zentrum, das bedeutete, dass viele junge Leute unterwegs waren. Die Zeiten sind hektischer geworden. Die Jungen und die Alten, die fehlen jetzt auf den Straßen.«

Oft fehlten auch die Frauen, deren Namen im Gedächtnis der Nachwelt haften blieben. Obwohl es durchaus herausragende Künstlerinnen gab, kennt man sie kaum. Die erste Malerin von Florenz war Plautilla Nelli, die 1538 mit vierzehn Jahren ins Dominikanerkloster von San Marco eintrat und sich selbst mithilfe von Vorlagen des Fra Bartolomeo das Malen beibrachte. Der Verfasser der Künstlerbiografien, Giorgio Vasari, schreibt über sie: »Sie hätte großartige Dinge tun können, wenn sie nur richtig hätte studieren können.« Da Plautilla den männlichen Körper nicht kannte, ähneln ihre Christusfiguren immer ein bisschen einer weiblichen Christa. Die Malerin, die so gut Gefühle ausdrücken konnte – eine ihrer Charakteristiken ist die Träne, die übers Gesicht der Porträtfigur rinnt und beim Betrachter sofort tiefe Empathie weckt – war nicht nur im religiösen Ambiente gefragt, sondern auch bei den betuchten Familien der Stadt. Plautilla avancierte zur Haupteinnahmequelle ihres Konvents. Kreativität, die nicht darauf abzielte, Stärke zu demonstrieren, sondern Gefühle zulässt, war in Florenz nicht unbedingt an der Tagesordnung.

Im Jahr 1989 hat Johanna die Idee, den Chor »Desiderio da Settignano« aufzubauen. Aus anfangs fünfzehn Teilnehmern werden schon bald sechzig, dann achtzig und noch mehr, alles Amateure, die sich aber von der Begeisterung Johannas anstecken und von ihrem musikalischen Gespür leiten lassen. Erste Konzerte wie »Dido and Aeneas« von Purcell im Theater Niccolini oder »Euridice« von Peri im Palazzo Pitti sind ein voller Erfolg. Während sich die lokalen Kritiken überschlagen, ist die Reaktion auf die große öffentliche Resonanz bei den Florentiner Institutionen verhalten. Ein Chor und mittlerweile auch ein fast hundertköpfiges Orchester, die für damals noch wenige Millionen Lire ein herausragendes Musikniveau bieten, sind dem Apparat, der für Großveranstaltungen Stars aus aller Welt zu Unsummen verpflichtet, nicht ganz geheuer, da sie die Gleichung, dass Qualität auch dementsprechend kosten muss, ad absurdum führen.

Weitsicht darf in der Politik nicht immer vorausgesetzt werden. Einen guten Riecher hatte allerdings die Letzte aus der Dynastie der Medici, Anna Maria Luisa, die zwar 1737 die Herrschaft an das Haus Habsburg-Lothringen abgeben musste, aber im Familienpakt verfügte, dass »Galerien, Gemälde, Statuen, Bibliotheken« in Florenz zu bleiben hätten, »um den Staat zu schmücken, der Öffentlichkeit zu nützen und die Neugier von Fremden anzuziehen«. Ihr hat Florenz den größten Teil der jährlich neun Millionen Übernachtungen, drei Viertel davon Ausländer, zu verdanken.

Am 23. Oktober 2005 sind alle tausendfünfhundert Plätze der Basilika Santa Croce besetzt. Rund zweihundert Leute setzt die Feuerpolizei aus Sicherheitsgründen wegen Überfüllung vor die Tür, als der Chor und das Orchester »Desiderio da Settignano« Verdis Totenmesse aufführen. Freiwillige Helfer des Chors haben Tamtam geschlagen und die gesamte Organisation gestemmt. Zusammen mit dem Dacorum Symphony Orchestra aus England und dem Coburger Bachchor stehen zweihundertfünfzig Laienmusikerinnen und -musiker unter dem goldglänzenden Hochaltar. Von den hinteren Reihen sieht man nur Johannas Locken fliegen, während die feierliche Musik den Raum der größten Franziskanerkirche Italiens erfüllt. Als *pianissimo* das letzte »*Libera me*« verklingt, dehnt sich die Pause unglaublich lange Sekunden, bis das Publikum sich fasst und ein minutenlanger Beifallssturm an *bravi* und *bravissimi* losbricht. Einmal mehr hat das Gefühl über die Perfektion dominiert.

Es gehört nicht unbedingt zu den Stärken der

Florentiner, Anerkennung zu spenden. Auch wenn der deutsche Direktor der Uffizien, Eike Schmidt, jedes Jahr zum Weltfrauentag eine vergessene Künstlerin aus der Vergangenheit und eine zeitgenössische mit Einzelausstellungen ins Rampenlicht rückt, bleiben solche Aktionen im kulturellen Leben der Stadt ein Tropfen auf den heißen Stein.

Seit einigen Jahren macht es sich auch die Stiftung »Advancing Women Artists« unter der couragierten Leitung der amerikanischen Kunsthistorikerin und Journalistin Jane Fortune – in der Stadt auch als »Indiana Jane« bekannt – zur Aufgabe, die Werke von Frauen dem Vergessen zu entreißen und zu restaurieren. Zweitausend Werke lokaler Künstlerinnen aus verschiedenen Jahrhunderten hat die Stiftung bereits ausfindig gemacht. Immer wieder sind es Ausländerinnen, die dem kulturellen Leben der Stadt neue Impulse geben.

Obwohl in Florenz mittlerweile dreißig der einflussreichsten Museumsdirektionen und Leitungsfunktionen an Frauen vergeben wurden, ist der Weg zur Gleichberechtigung steinig. Bis zur fürchterlichen Überschwemmung 1966 waren die meisten Restauratoren Männer. Als aufgrund der großen Nachfrage zunehmend Frauen diesen Beruf ergriffen, sank das Gehaltsniveau sofort beträchtlich. Das bemängelte auch eine der prominentesten Florentinerinnen, die streitbare Journalistin und Kriegsberichterstatterin Oriana Fallaci, die in der Welt, vor allem aber in ihrer Heimatstadt gleichermaßen bekannt wie umstritten war. Nach dem 11. September 2001 reagierte sie, die mittlerweile in

New York lebte, mit ihrem Buch »Die Wut und der Stolz« heftig auf den fundamentalistischen Islam. Ein Florentiner Kollege, Tiziano Terzani, der viele Jahre lang vom anderen Ende der Welt, aus Asien berichtet hatte, kritisierte ihre Meinung und appellierte an Vernunft und Mitgefühl. Florenz war wie immer geteilter Meinung über die beiden. Am Ende fühlte sich Fallaci von ihrer Heimatstadt unverstanden und enttäuscht und trug ihr nach, dass sie ihr die höchste Auszeichnung, den »Fiorino d'oro«, verweigerte. Eine Anerkennung, die Imelda Marcos, der Frau des ehemaligen philippinischen Diktators, zuteil wurde, deren Leistung im Sammeln von zweitausendsiebenhundert Paar Schuhen bestand – immerhin hat dies wahrscheinlich auch die Florentiner Wirtschaft angekurbelt. Als Oriana Fallaci 2006 starb, legte Filmregisseur Franco Zeffirelli einen »Fiorino d'oro« ihrem Sarg bei.

Die Schatten werden länger. Ein Pulk junger Männer trifft sich vor dem Abendessen zum *aperitivo* in der »Casa del Popolo«, einige grüßen Johanna im Vorbeigehen freundlich. Sie lehnt sich behaglich in ihren Stuhl zurück und während sie mit der Hand durch die Locken fährt, gesteht sie: »Ich bin noch genauso verliebt in Florenz wie im ersten Jahr. Oft schlendere ich durch die Stadt, über den Markt von Sant'Ambrogio, und sauge seine bunten Farben auf. Und jedes Mal gehe ich über die Piazza della Signoria, am besten nach acht, wenn alle beim Abendessen sitzen und es ruhiger wird auf den Straßen. Die Stadt besitzt noch den gleichen Zauber und immer entdecke ich etwas Neues. *Basta saper vedere.* Wenn man in der Lage ist zu sehen.« Dann wirft sie den Kopf in den Nacken und lacht aus voller Seele.

Die Gärten von Florenz

Röhrende Bienen, eine vertauschte Lilie und der Goldfischteich von Boboli

Sieben Uhr morgens, die Stadt kommt langsam in die Gänge. Hell und angestrengt röhrt die zu einem Minilastwagen umgebaute vierrädrige Ape durch die engen Straßen des Centro Storico. *Ape* heißt auf Deutsch Biene und wie diese fliege ich heute mit Federica von Pflanze zu Pflanze. Die energiegeladene Mittvierzigerin auf dem engen Fahrersitz neben mir, mit langen dunklen Locken, die von mehreren Gummibändern nur mühsam gebändigt werden, und einem Silberpiercing in der Unterlippe, ist selbst eine durchtrainierte, flotte Biene. Die Figur hat sie ihrem Zweitjob zu verdanken. Nachmittags gibt sie Fitnesskurse im Schwimmbad und bringt Kindern Tanzen bei. Von sieben bis dreizehn Uhr dagegen kümmert sie sich als Pflanzensitterin um das Wohl von Topfgewächsen. Und das seit über dreißig Jahren. Aber nun der Reihe nach.

Vieri Torrigiani Malaspina kommt mir auf der breiten Einfahrtsallee zur Villa Torrigiani nahe der Porta Romana entgegen, braun gebrannt und formvollendet gekleidet, die Cordhose mit drei Zentimetern Aufschlag und aprikotfarbener Krawatte zum taubenblauen Tweedjackett. Die Familie ist eine der ältesten hier, was man daran erkennt, dass ein Teil des Lungarno nach ihr benannt ist. Natürlich ist Vieri Mitglied im Circolo dell'Unione, einem ausschließlich besten Kreisen vorbehaltenen Club in der Via Tornabuoni, in dem Frauen nur als Ehefrauen oder Witwen von Mitgliedern zugelassen sind. Jovial und völlig unkompliziert begrüßt er mich, um mir den Giardino Torrigiani zu zeigen, während die toskanische Zigarre in seiner Hand einen wohlig-würzigen Geruch verströmt. Wir befinden uns im mit sechs Hektar größten innerhalb von Stadtmauern gelegenen Privatpark Europas. Wenn man die Florentiner Stadtmauer neben der Porta Romana entlangfährt, sieht man dahinter schon von Weitem den kuriosen neugotischen Turm des *giardino*, der vom selben Architekten erbaut wurde, der den Glockenturm von Santa Croce errichtet hatte.

Wer in Florenz nur Statuen, Bauwerke, Museen und Gemälde sieht, verpasst Wesentliches, denn die zahlreichen Gärten und Parks verraten mehr über die Stadt als so manches Kunstwerk. Einen Besuch wert sind die Gärten von Boboli und Villa Bardini sowie im Frühjahr der Iris- und Rosengarten jeweils rechts und links vom Piazzale Michelangelo. Und nicht von ungefähr führt Florenz seit dem 13. Jahrhundert eine Blume als Wappen, nämlich die rote Lilie vor weißem Hintergrund. Demonstrativ hatten die Guelfen das Symbol der aus der Stadt verjagten Ghibellinen – eine weiße Lilie auf rotem Grund – farblich vertauscht. Auf der florentinischen Währung Fiorino prangte der *giglio* seit 1252.

Genussvoll zieht Vieri an seiner Toscano, während wir gemächlich an der herrschaftlichen Villa vorbeischlendern, die farblich hervorragend mit der Krawatte des Besitzers harmoniert. Linker Hand flirren mehrere lang gedehnte Gewächshäuser in der Sonne, und während sein drahtiger Sohn Vanni in Gärtnerkluft eine Schubkarre vorbeischiebt, erzählt Vieri, wie seine Familie sich dem Wandel der Zeiten anpasste. Denn noch sein Vater war es nicht gewohnt zu arbeiten, jede Woche lieferten die toskanaweit verstreuten, familieneigenen *fattorie* die Erträge ab, von denen dann die Ausgaben des Haushalts bestritten wurden. Doch nach dem Zweiten Weltkrieg, der Abschaffung der Halbpacht und mit der zunehmenden Industrialisierung Italiens warf die Landwirtschaft immer weniger ab, die *fattorie* wurden nach und nach verkauft. Der studierte Landwirt Vieri fand sich ohne Betätigungsfeld, aber nachdem im Anwesen Torrigiani seit der Renaissance Pflanzen gezüchtet wurden und Pier Antonio Micheli auf diesem Flecken bereits 1716 die erste Botanische Gesellschaft Italiens gegründet hatte, stand für Vieri fest, dass er auf jeden Fall etwas mit Pflanzen tun wollte. Schließlich kam ihm die Idee, Topfpflanzen an Hotels, Restaurants, Banken und Institutionen sowie an Privathaushalte zu vermieten. Im Service sind das Gießen, Düngen, gegebenenfalls der Austausch kranker Pflanzen sowie ein saisonaler Wechsel, zum Beispiel an Weihnachten, enthalten.

Die unkonventionelle Idee fiel in den achtziger Jahren auf fruchtbaren Boden und das Geschäft blühte. Noch eine Neuerung setzte Vieri durch, wie er lächelnd unter seinem grau melierten Voll-

bart zugibt: »Für die tägliche Pflege der vermieteten Pflanzen habe ich Frauen engagiert. Bis dahin war man es nicht gewohnt, Frauen in Gärtnerkluft zu sehen, aber jeder freute sich, wenn sie kamen.« Federica war eine der ersten Mitarbeiterinnen, die sich in den Sommerferien eine Gießkanne umschnallte und auf der Vespa von einem Kunden zum nächsten düste.
Unsere Tour an diesem Morgen führt uns zu fünfzehn Adressen. Dass wir pünktlich um sieben Uhr beginnen, ist wichtig, damit wir im Altstadtbereich sind, bevor die Kameras eingangs der ZTL-Zone ab sieben Uhr dreißig die Nummernschilder aufzeichnen. Das erste Restaurant in Borgo Pinti wird eher von Touristen als von Einheimischen frequentiert und ist bekannt für seine spärliche Kerzenbeleuchtung. Lediglich winzige Lämpchengirlanden glimmen wie Glühwürmchen stimmungsvoll von der Decke. Da es in dem langen, bis auf ein schmales Lichtauge fensterlosen Raum nie wirklich hell wird, können hier nur strapazierfähige Pflanzen wie der Pothos überleben. Federica gießt vier oder fünf Topfpflanzen, staubt mit speziellen Handschuhen die Blätter ab und entfernt die braunen, tauscht eine Kentia-Palme aus, wirft der Köchin, die im engen Küchenschlauch die *pasta* vorbereitet, einen kurzen Gruß zu und schon geht es weiter zum nächsten Kunden.

Die Sonne bricht zwischen den engen Häuserketten hindurch, während einige Straßenkehrer mit groben Besen Papier und Müll vom Gehweg auf die Straße fegen, wo er dann von einem kleinen Wagen aufgekehrt wird. Zwischen dem Unrat erspähe ich ein braunes Portemonnaie, leer. »Die Tür der Ape schließe ich immer zu«, sagt Federica, die meinem Blick gefolgt ist. »Mir wurde schon zweimal die Tasche aus dem Auto gestohlen.«

Wir betreten eine Reihe von Wohn- und Geschäftshäusern in der Altstadt, wässern die Grünpflanzen und eilen weiter zum nächsten Ziel. Zeit für Trödeleien gibt es keine. Federica kennt die Stadt und ihre Kunden aus dem Effeff, weiß, wo öffentliche Wasserspender sind, bei wem sie an den Häusern läuten kann, um eingelassen zu werden, welche Bewohner ein freundliches Wort schätzen und welche den Kontakt lieber meiden. Langsam kristallisieren sich auch für mich erkennbare Muster in Sachen Pflanzen heraus: Anwälte mit frisch gewienertem Mosaikfußboden bevorzugen blutrote Anthurien oder pflegeleichte grünblättrige Schefflerpflanzen, elegante Apartmenthäuser rosa Azaleen oder spiralförmig geschnittene Thujen.

Wie die Pflanzen spiegeln auch die Gärten die Interessen und bisweilen Sehnsüchte sowie den kulturellen Hintergrund des jeweiligen Auftraggebers wider. Im Boboli-Garten hinter dem Palazzo Pitti tobten sich auf fünfundvierzigtausend Quadratmetern die Familien der Medici, Habsburg-Lothringen bis hin zu den Savoyen aus, wovon ein buntes Sammelsurium an Stilen und Absichten, wie Amphitheater, Zypressenallee und Buontalenti-Grotte zeugt. Das Rokoko-Kaffeehaus aus dem 18. Jahrhundert, errichtet auf Geheiß des Großherzogs Pietro Leopoldo, wurde zum Beispiel in einer Farbe gestrichen, die die Italiener nur *verde lorena* – Lothringergrün – nennen und damit jede Verantwortung von sich weisen. Das blasse Lindgün mutet unter dem strahlend azurblauen Florentiner Himmel tatsächlich seltsam an, während es unter bleiernen nordischen Wolken wahrscheinlich hübsch zur Geltung käme.

Vor einem *palazzo* am Lungarno winkt uns schon von Weitem der Pförtner in Uniform zu. Während Federica aus riesigen Wasserkanistern hinten in der Ape das Nass in die Gießkanne schüttet, klärt sie mich darüber auf, dass der aus Kolumbien stammende *portiere* vormittags diesen Job verrichtet, nachmittags in Hotels putzen geht und abends als *gelatiere* Eis verkauft, um über die Runden zu kommen. Er ist kaum Mitte zwanzig und sein Lächeln ist ungewöhnlich sanft und abgeklärt.

Dann verlassen wir das Centro Storico, fahren in ein gesichtsloses Viertel hinter dem Messezentrum Leopolda und halten vor einem unauffälligen Gebäudekomplex. Der hohe Eingang wird von Designerlampen hell ausgeleuchtet, hinter den beiden Empfangsdamen ergießen sich schlauchartige Großraumbüros, in denen ein Bildschirm sich an den nächsten reiht, zu dem jeweils ein Mensch gehört. Entlang des Korridors türmen sich bunte Schließfachwürfel mit fortlaufenden Nummern für die persönlichen Sachen der Angestellten, zweihundertsechzehn Stück. In der ausgedehnten, menschenleeren Wohlfühlzone gegenüber umrahmen vielfarbige Sessel lange hölzerne Tische. Die Atmosphäre oszilliert zwischen Ikea und Kindergarten. Am Kaffeeautomaten plauschen die sehr jungen Mitarbeiter in modischen, eng anliegenden Klamotten, während über die Monitore auf den Schreibtischen die typischen Schriftbilder anwaltlicher Schreiben flimmern. Sorgfältig staubt Federica die Pflanzen in den Regalen ab, nichts Exotisches ist darunter. Wir sind in einer Bank, die auf Kreditvergabe an kleine und mittlere Unternehmen sowie mittels einer kontrollierten Gesellschaft auf das Eintreiben derselbigen spezialisiert ist.

Das Geschäft mit dem Verleihen von Pflanzen funktionierte für Vieri Torrigiani jahrelang wie geschmiert. Bis zur Wirtschaftskrise 2008, als die ursprünglich zweihundertfünfzig Kunden auf neunzig schrumpften und er sich gezwungen sah, seine fünf Angestellten vor die Wahl zu stellen, jemanden zu entlassen oder alle in Teilzeit arbeiten zu lassen. Einvernehmlich verständigte man sich auf Teilzeit für alle. Mit ihren beiden Jobs kommt Federica monatlich auf dreizehnhundert Euro, fünfhundert davon gehen allein für die Wohnungsmiete ab.

Geldsorgen kannte der Erdenker des Giardino Torrigiani nicht. Der eigentlich aus einer Seitenlinie adoptierte Pietro Torrigiani hatte in der ersten Hälfte des 19. Jahrhunderts den Ehrgeiz, dem allerorten favorisierten *giardino all'italiana* einen romantischen englischen Landschaftsentwurf entgegenzusetzen. Pietro Torrigiani gehörte, genau wie sein Gartenarchitekt Luigi de Cambray Digny, der Florentiner Freimaurerloge »Napoleone« an und stilisierte den Park samt Osirisstatue, Arkadientempel, heiligem

Wald und dem Turm des Wissens für den Besucher zu einer symbolgeladenen Initiationsreise.

»Wer in fremden Landschaften und Städten nicht lediglich dem Berühmten, Auffallendsten nachgeht, sondern Verlangen trägt, das Eigentliche, Tiefere zu verstehen und mit Liebe zu erfassen, in dessen Erinnerungen werden meistens Zufälligkeiten, Kleinigkeiten einen besonderen Glanz haben. Wenn ich an Florenz denke, sehe ich als erstes Bild nicht den Dom oder den alten Palast der Signorie, sondern den kleinen Goldfischteich im Giardino Boboli, wo ich an meinem ersten Florentiner Nachmittag ein Gespräch mit einigen Frauen und ihren Kindern hatte (...)«, schrieb Hermann Hesse 1901 auf seiner ersten Italienreise, die ihm den Zauber des Südens erschloss.

Der Giardino Torrigiani liegt fünf Gehminuten vom Giardino Boboli entfernt, und als Federica und ich mit der Ape gegen Mittag durchs schmiedeeiserne Tor fahren, erwartet uns Vieri Torrigiani in der schattigen, platanengesäumten Auffahrt bereits. Federica zeigt ihm die Pflanzen, die sie am Vormittag ausgetauscht hat. Vieri begutachtet jede einzelne fachmännisch und meint dann lächelnd in meine Richtung: »Könnte sein, dass sie sich wieder erholen, wenn wir uns gut um sie kümmern. *Come Firenze – rinasce sempre.* Wie Florenz – das immer neu geboren wird.« Da streicht der Wind durch die Platanen über uns und es scheint, als klatschten die Blätter leise Beifall.